FERRET 1973

Capitaine SÉNÈQUE

de l'Infanterie Coloniale

LUTTES

ET

COMBATS

sur la Frontière de Chine

(Cercle de Moncay)

1893-1894-1895

Illustré par l'Auteur

PARIS
HENRI CHARLES-LAVAUZELLE
ÉDITEUR MILITAIRE

LUTTES ET COMBATS

DU MÊME AUTEUR :

Art et Topographie, plaquette in-4° de 40 pages avec 6 croquis, 1 fr. 50 (Lavauzelle éditeur). — Ouvrage couronné par la Société de Topographie de France.

Capitaine SÉNÈQUE

de l'Infanterie Coloniale

Luttes
et Combats

Sur la Frontière de Chine

CERCLE DE MONCAY, 1893-1894-1895

PARIS

Henri CHARLES-LAVAUZELLE

Éditeur militaire

10, Rue Danton, Boulevard Saint-Germain, 118

—

(MÊME MAISON A LIMOGES)

INTRODUCTION

Alors que les faits les plus insignifiants sont chaque jour enregistrés par la presse, que la plupart des journaux citent les noms, glorifient les actes et consacrent le souvenir des plus nobles serviteurs du pays comme des plus humbles victimes du devoir, les services rendus à la France par nos soldats pacifiant nos possessions d'outre-mer, leurs fatigues, leurs souffrances, leurs hauts faits sont passés sous silence, lorsqu'ils ne sont pas dénaturés, et si l'on ne fait à nos officiers un reproche des pertes parfois subies, si on ne les accuse de provoquer la guerre par intérêt ou par ambition.

Au Tonkin, et pendant quinze ans, chaque jour apporta sa page au Livre d'Or de notre armée coloniale. C'était une action d'éclat affirmant une fois de plus la valeur française, une mort héroïque, le sacrifice d'une existence à l'honneur du Drapeau.

Sans doute, se battre est le métier du soldat; se faire tuer, son plus beau sort; encore pourrait-on reconnaître l'abnégation, rendre hommage à la grandeur dont il donne si souvent des preuves.

Mais, ainsi que l'a justement remarqué le commandant Famin (1), « la mauvaise fée de la politique s'est penchée sur le Tonkin, dès son berceau, et ne l'a guère quitté depuis ».

Les exigences de cette mauvaise fée expliquent — si elles ne les excusent — bien des choses.

On sait combien violentes furent les polémiques soulevées par la conquête du Tonkin. Il fallait enlever à l'opposition que cette conquête rencontrait sa principale objection, savoir les sacrifices en hommes et en argent qu'elle coûtait à la mère patrie.

Aussi, dès 1885, on déclara le pays pacifié, le moment venu de recueillir le fruit de la campagne, de mettre en valeur les richesses que le pays offrait.

Pour mettre les faits d'accord avec ces déclarations, le régime civil fut substitué au régime militaire et le silence se fit dans la Métropole sur les combats soutenus par nos soldats.

Les divulguer eût été avouer l'état de trouble où se trouvait encore le pays et, par suite, confesser que l'action militaire devait y être prépondérante.

Le contraire eut lieu.

---

(1) *Au Tonkin et sur la frontière du Quang-Si.*

La prétendue pacification du pays entraînait l'amoindrissement du rôle de l'armée, partant la réduction de l'effectif du corps d'occupation. Dans ces conditions, on rendrait impossible l'occupation de la zone montagneuse qui s'étend du Delta tonkinois à la frontière de Chine, zone qui représente à elle seule les quatre cinquièmes de la superficie totale du pays.

En ces régions accidentées s'étaient etablis les débris de l'armée régulière chinoise, épaves de cette soldatesque disloquée, qui, la paix signée, avaient préféré s'établir en deçà de la frontière, puisqu'on ne les contraignait point à la repasser.

On crut les obliger à la retraite en occupant leurs derrières, sur la ligne frontière Moncay, Cao-Bang, Lao-Kay; mais cette barrière improvisée était trop faible pour leur donner de l'inquiétude, et ils se maintinrent dans ce pays difficile dont ils devinrent les maîtres incontestés. Une vaste entreprise commerciale s'organisa entre eux et leurs congénères de Chine, d'une part, les écumeurs du Delta, de l'autre.

Ces derniers, presque exclusivement annamites, rançonnaient les villages du Delta, pillaient les récalcitrants, puis échangeaient le produit de leurs rapines (femmes, enfants, bestiaux) contre de l'opium, des armes et des munitions, dont les pirates de la région montagneuse étaient pourvus par les soins de leurs commanditaires chinois.

Les échanges terminés, les Annamites écoulaient l'opium dans le Delta, et les Chinois repassaient la frontière, afin d'aller vendre leur butin sur les marchés avoisinants.

Loin de diminuer, la piraterie augmentait, chaque année, dans d'inquiétantes proportions. Les bandes insurrectionnelles qui s'étaient refusées à reconnaître notre domination étaient depuis longtemps réduites, que la piraterie ne faisait que s'accroître.

Ces hordes, grossies de tous les déclassés de la frontière chinoise, prisonniers évadés, réguliers déserteurs, malfaiteurs en quête de coups productifs, s'enhardirent de ce qu'on les laissât dans une plus complète impunité.

Nos convois signalés furent pillés; des escortes, des détachements trop faibles furent surpris en des embuscades, luttes inégales et meurtrières où nos soldats tombaient traîtreusement assassinés, sinon sans gloire, au moins sans profit.

Ces pertes, que parfois leur gravité ne permettait pas de taire, avaient en France un douloureux retentissement. Loin d'en rejeter la faute sur la politique suivie et de la modifier, une campagne d'imputations perfides contre l'armée commença. Si nos soldats tombaient encore çà et là sous les coups des pirates, la faute en était à nos officiers, qui faisaient naître les occasions de combattre au lieu de les prévenir, afin de satisfaire leur humeur belliqueuse

Tirailleur chinois.

et de réaliser « les projets d'avancement rapide, les espérances de croix et de galons qui hantent leurs cerveaux ».

Et, dans une circulaire restée fameuse, il fut interdit aux postes de sortir de leurs enceintes, sous quelque prétexte que ce fût, sans une autorisation préalable.

Ce fut l'âge d'or pour les pirates. En présence de notre inertie, les bandes, libres de circuler et d'agir, osèrent piller les villages jusqu'en vue des postes. N'avaient-elles pas tout le temps de faire leur coup et de disparaître avant que l'autorisation de poursuivre arrivât ?

En revanche, si l'on s'affranchit du concours de l'armée, on augmenta les effectifs de la milice, qui, de force de police mise en chaque province à la disposition des résidents civils, devint une rivale de l'armée régulière. On sourit encore, au Tonkin, au souvenir de cette expédition de la Cac-Bâ où un résident supérieur jouait le rôle de commandant en chef, la douane celui de l'artillerie et la milice celui de l'infanterie!

Puis, afin de n'être pas obligé de combattre les pirates, on s'entendit avec eux.

Moyennant une indemnité mensuelle et des avantages variant selon l'importance du chef, celui-ci s'engageait à rester tranquille. On décora ces arrangements du nom de « soumissions ». La plus célèbre fut celle du chef *chinois* Luong-Tam-Ky.

Aux termes de la convention triennale qui fut signée en août 1890, on lui accordait une mensualité de 3.500 piastres (environ 12.000 francs) et l'immunité d'impôts dans toute l'étendue du vaste territoire dont l'administration et la garde lui étaient confiées. Il devait assurer cette garde avec 500 hommes. Défense était faite de pénétrer sur son territoire. Il arriva ce qui était à prévoir : il empocha et ne tint pas ses obligations.

C'était aussi — chose plus grave — la reconnaissance officielle d'une usurpation de territoire.

Les résultats d'une telle politique ne se firent pas attendre et voici le tableau de la situation, en 1891, six années après l'établissement du régime civil :

« A la faveur du trouble moral et matériel qui règne dans toute la population annamite du Tonkin, les malfaiteurs se livrent en tous les points du pays au vol à main armée; mélangés aux patriotes rebelles, ils sèment partout le désordre, l'incendie et le massacre. On se bat jusqu'aux environs d'Hanoï. Il est peu de soirées, à la fin de 1890, qui ne soient éclairées par les incendies des villages autour des principales villes.

» Dans toute la partie montagneuse du Tonkin, les pirates chinois sont les maîtres absolus du pays. Les rares habitants de ces régions leur paient régulièrement tribut; nos troupes sont pour ainsi dire cernées par eux dans tous les postes; elles ne peuvent ni les empêcher de circuler entre le Tonkin et la Chine, ni protéger le Delta contre leurs déprédations. »

C'est un gouverneur civil, M. de Lanessan, récemment nommé, qui s'exprime ainsi (1).

Encore que tout nouveau fonctionnaire soit naturellement enclin à déprécier l'administration de celui qui l'a précédé, on conviendra que la conjoncture était grave.

M. de Lanessan, par une série de mesures aussi judicieuses que radicales, remit un peu d'ordre dans ce chaos.

L'armée régulière reprit son rôle de combattante; l' « armée civile » fut reléguée dans le Delta, dont elle assura la police.

A l'exemple de ce qui se faisait jadis en Europe, toutes les fois qu'un peuple se trouvait voisin des barbares, des confins militaires furent créés. La région montagneuse fut divisée en quatre territoires, dont les commandants réunirent en leurs mains tous les pouvoirs.

Des opérations militaires raisonnées furent dirigées de manière à refouler les pirates en Chine, en commençant par les régions les plus rapprochées du Delta.

Le nettoyage du massif de Dong-Trieu, les battues exécutées dans la baie d'Along, puis la

---

(1) De Lanessan, *La Colonisation française en Indo-Chine.*

colonne du Yen-Thé, sur les confins du Delta, portèrent un coup sensible à la grande piraterie.

Mais ces opérations militaires n'avaient pu s'accomplir sans des pertes qui affectèrent douloureusement l'opinion, en France (1).

Et, dans les télégrammes félicitant les troupes des succès qu'elles avaient obtenus, le sous-secrétaire d'État ajoutait que le Gouvernement espérait « que ces opérations seraient les dernières ».

Force fut de parachever la pacification par des procédés moins bruyants. Un plan méthodique d'occupation et d'organisation défensive de la frontière, qui jusque-là avait été systématiquement délaissée, fut repris.

Ce plan consistait d'abord à fermer la frontière par des blockhaus au niveau de tous les passages, puis à occuper le pays par des postes situés de manière à dominer les routes principales et à protéger les plus gros centres de population ; ensuite à armer les villages de façon qu'ils puissent se défendre en attendant les secours.

Des routes furent projetées et mises en voie d'exécution. Les habitants qui, depuis longtemps, avaient déserté leurs villages, se sentant soutenus, attirés de plus par une exonération d'impôts et par la promesse d'avances d'argent

---

(1) Dix-huit officiers tués en 1892.

qui leur permettraient de réorganiser leurs troupeaux, d'acheter des instruments aratoires, des semences, se présentèrent sur beaucoup de points, reconstruisirent leurs cases et cultivèrent leurs champs.

Ebloui par ces résultats, et aussi mû par ce sentiment, frère du précédent esprit de dénigrement, qui veut qu'après quelques mois d'une administration nouvelle tout soit pour le mieux dans la meilleure des colonies, le gouvernement local déclara, une fois de plus, que la piraterie avait vécu.

Les premiers effets de la politique de conciliation inaugurée dans le Delta corroboraient trop bien la justesse des principes dont ils étaient l'application pour ne pas inciter le gouvernement qui les avait mis en pratique à étendre un système dont les résultats paraissaient si probants.

Ce système, avec juste raison, répudiait l'emploi de la force seule comme moyen de colonisation; il s'appuyait sur le respect des mœurs, des coutumes, de l'organisation sociale et administrative des indigènes, sur la douceur, la bienveillance, la sympathie réciproque entre le gouvernement et la population.

Sympathiser avec les indigènes, les encourager, les guider dans leurs entreprises agricoles, industrielles et commerciales, c'est assurément appliquer les véritables principes d'une bonne colonisation.

Certes, on ne saurait trop réprouver l'emploi de la force, surtout lorsqu'elle s'exerce contre des gens dont la résistance à notre domination n'est qu'une honorable manifestation de patriotisme. Couper des têtes, razzier des villages, ravager des récoltes sont des pratiques d'autant plus odieuses et condamnables que, le plus souvent, elles s'appliquent à des malheureux placés entre le marteau et l'enclume. Les pirates viennent-ils ? Il leur faut des vivres, des aides, des renseignements. Arrivons-nous ? Les malheureux habitants se voient durement châtiés pour n'avoir pas refusé ce qu'ils ne pouvaient défendre.

Mais la bienveillance, l'humanité, la conciliation ont une limite au delà de laquelle ces sentiments deviennent des excès de faiblesse au moins aussi regrettables que les pires exactions, car ils ouvrent la porte à tous les méfaits et sont le point de départ des capitulations les plus périlleuses.

Dans l'exécution d'un plan à la fois hardi et complexe, il faut savoir amender une doctrine selon la région où on l'applique, les gens en face desquels on se trouve placé. Sur les frontières chinoises du Tonkin, où la piraterie est endémique, où le produit des cultures, les troupeaux, les femmes même sont considérés comme une proie dévolue à toutes les convoitises, il ne s'agissait pas d'apaiser ou de réprimer un mouvement insurrectionnel plus ou moins légitime, mais de venir à bout de malfaiteurs de profession, récidivistes endurcis.

Les principes humanitaires n'étaient donc pas de mise.

L'effet de leur application ne tarda d'ailleurs pas à se faire sentir.

Les travaux d'organisation défensive de la frontière avaient été menés avec ardeur. Des blockhaus s'élevaient rapidement, blanches sentinelles jalonnant la frontière.

Une route carrossable les desservant avait été commencée.

Construire des blockhaus et des routes, c'était bien, à condition toutefois que leur action contre la piraterie fût complétée par des reconnaissances offensives, par des sorties faites à l'improviste, de façon à empêcher les bandes de se fixer sur un point donné. Edifier les uns sans lancer les autres, c'était, autant dire, fabriquer une arme dont aucun projectile ne devait sortir.

Mais le pays n'était-il pas pacifié ?

Les bandes disloquées par les opérations de 1892 ne devaient-elles pas se fondre d'elles-mêmes par la seule présence des blockhaus, l'armement des populations et notre entente avec les autorités chinoises ? Et, plus que jamais, toute action militaire fut condamnée.

Or, les opérations de 1892 n'avaient pas anéanti la piraterie; elles avaient simplement coupé les branches d'un arbre aux racines profondes, et cet élagage, loin de l'épuiser, n'avait fait que diriger la sève vers de nouvelles et nombreuses pousses. Cependant, à travers cet abatis de frondaisons, une éclaircie s'était produite, lueur factice qui parut comme le premier coin du ciel pur sous lequel on devait vivre désormais.

La réalité est que ce qui restait des bandes avait bien été quelque peu contrarié par l'armement des populations qui, constamment sur la défensive, restaient sourdes à leurs sommations et à leurs menaces. Aussi, renonçant à l'action sur les villages et sur les marchés qui, en leur aliénant les habitants, se liquidait par des profits peu en rapport avec les risques à courir, les pirates entreprirent-ils de nouvelles opérations qui devaient réaliser leur plus beau rêve : le maximum de profits pour le minimum de dangers et de fatigues. Ils enlevèrent des Européens pour en obtenir rançon.

Afin de tuer dans l'œuf cette évolution nouvelle, il eût fallu, dès le premier jour, lancer nos troupes contre les ravisseurs, leur faire une chasse à outrance, incessante, impitoyable.

A une époque où le mot d'ordre était « pas d'affaires », ce mode d'action eût occasionné des rencontres; ébruitées, elles eussent détoné dans le concert pacifique, alors que les pillages, les incendies, les forfaits des pirates étaient assimilés à de simples crimes de droit commun, analogues à ceux qui se produisent chez les nations les plus policées. Et la pluie de balles dont il eût fallu gratifier ces bandits se changea en pluie de Danaë.

Que l'on pactise avec des rebelles qui, obéissant à un mobile patriotique, combattent pour l'indépendance de leur pays. Soit! Mais est-il admissible que l'on achète, à des prix excessifs, la prétendue soumission de bandes étrangères exclusivement composées de forbans, rebut vomi par l'étranger, n'ayant d'autre mobile que le vol?

Avec des bandits on ne transige pas.

Pour n'avoir pas voulu le comprendre, l'autorité locale se trouva en présence de difficultés décuplées, le jour où elle dut se résoudre à demander à l'armée cette intervention dont elle avait cru pouvoir se passer.

On lira dans les pages qui suivent la marche progressive de la piraterie dans le cercle de Moncay, de 1893 à 1895. On y verra la tache d'huile s'élargir jusqu'au jour où nos officiers et nos soldats, quittant les faisceaux du licteur et la truelle du maçon pour reprendre leurs fusils, lui portèrent un si rude coup qu'elle ne s'en est pas relevée.

Mais ce dernier effort se traduisit par des pertes d'autant plus douloureuses qu'elles étaient moins attendues.

En effet, ce ne furent plus les pirates du début de l'année 1893 — guérillas insuffisamment armées, hordes sans cohésion et sans discipline, où s'amalgamaient dans une union passagère le contrebandier et le voleur de grand chemin — que nous eûmes à combattre deux ans plus tard, mais des bandes munies d'un armement supérieur au nôtre, largement approvisionnées en vivres et en munitions achetées avec l'argent qui leur avait été versé pour les rançons antérieures; c'étaient des brigands aguerris par plusieurs années de luttes, puisant une indomptable énergie en cette conviction qu'ils n'avaient pas grand'chose à perdre et tout à gagner.

Nous nous garderons, dans le récit de ces événements, de tout jugement personnel, bornant nos appréciations aux sujets d'ordre purement professionnel.

Aussi bien, les faits parleront d'eux-mêmes.

Mais leur sanglant épilogue sur les sommets du Pan-Aï a fait entrer dans l'éternité assez de héros inconnus pour que ce nom, tracé de leur sang sur la terre d'exil, soit inscrit en lettres d'or dans les pages de nos annales coloniales. Et nous dirons ceux qui risquèrent leur vie pour sauver celle de leurs semblables, compromise par la politique néfaste des rachats.

A ces braves tombés au champ d'honneur, aux morts obscurs des cimetières de Nam-Si et de Po-Hen, nous adressons l'hommage ému de notre admiration, le juste tribut dû à ceux qui meurent pour la Patrie.

Pour les vaillants que la balle chinoise épargna, que la fièvre ne terrassa point, nous serons le faible narrateur de leurs souffrances et de leurs exploits.

Et ce témoignage sera pour beaucoup d'entre eux la seule récompense de leur bravoure et de leur dévouement.

Pour l'exemple et pour le souvenir nous avons écrit ces pages.

J. S.

LUTTES ET COMBATS

I

ÉTUDE DESCRIPTIVE DE LA RÉGION FRONTIÈRE

La ligne de démarcation des possessions annamites et chinoises fut fixée par la convention de Pékin du 26 juin 1887.

Aux termes de cette convention la rivière de Pak-Lam, puis son affluent le Kalong-Ho formaient la ligne frontière.

Le cap Pak-Lung, morceau de côte annamite enclavé dans le territoire chinois, était cédé à la Chine (1).

La région est essentiellement montagneuse. Son ossature est constituée par une multitude de massifs soudés entre eux, sans ordre, sans

---

(1) L'abandon de Pak-Lung trouva au Tonkin peu de partisans. Le commandant Bouinais, de l'infanterie de marine, fut député de Moncay à Pékin pour exposer à M. Constans, notre ministre plénipotentiaire, outre l'importance considérable de l'enclave, les droits incontestables de l'Annam sur ce territoire, dont les habitants appartiennent à la race annamite pure.

série. Leurs crêtes dénudées, pierreuses et arrondies donnent au pays, sous l'effet des rayons solaires, l'aspect d'une mer moutonneuse et miroitante. Les indigènes lui ont donné le nom générique de « Cent mille Monts ».

Les provinces limitrophes de la frontière sont, pour la Chine, le Kouang-Tong, et, pour le Tonkin, le cercle de Moncay, formé de l'ancienne province annamite de Haï-Ninh.

Province de Kouang-Tong.

La province de Kouang-Tong (le Vaste Orient) constitue, réunie au Kouang-Si (le Vaste Occident), la vice-royauté des deux Kouang, dont le siège est à Canton.

Le Kouang-Tong mesure, de l'est à l'ouest, 900 kilomètres environ, et 300 du nord au sud. Sa population est estimée à 27 millions d'habitants, soit plus des trois quarts de la population de la France. Actifs et industrieux, les habitants s'occupent d'agriculture, de pêche et de commerce, rarement d'industrie.

Les côtes et les rivières sont poissonneuses. Le sol, très fertile, produit deux récoltes annuelles, parfois même trois. Il n'est pas rare de voir les terres donner, après deux récoltes de riz, une troisième récolte de patates ou d'autres légumes.

La partie du Kouang-Tong limitrophe du cercle de Moncay relève de la préfecture de Ham-Chau, sous-préfecture Phong-Sinh.

Préfecture de Ham-Chau. — Ce district est un des plus riches du Kouang-Tong et même de la vice-royauté de Canton. Sa situation confinant à la frontière d'Annam lui assigne, en outre, une importance toute spéciale.

La géographie officielle de la Chine dit que « Ham-Chau est la route la plus importante pour envahir l'Annam ».

A l'époque de la cession à la Chine de l'enclave de Pak-Lung, Ham-Chau n'était que simple sous-préfecture. Les territoires cédés formèrent la sous-préfecture de Phong-Sin. Du même coup, Ham-Chau fut érigée en préfecture. Ham-Chau, la ville principale, compte de 12.000 a 15.000 âmes. Elle est située à quatre jours de marche de Moncay. C'est un centre à la fois civil et militaire. Placé au point de jonction des routes qui descendent du Yu-Nam et du Kouang-Si, il est le siège d'un vaste entrepôt d'opium de contrebande

La ville se développe sur une longue étendue. De coquettes maisons, entourées de jardins et de vergers, lui ont valu le surnom de « Ham-Chau la Jolie ».

Sous-préfecture de Phong-Sinh. — Deux fleuves navigables, le Chac-Yu-Kiang à l'est et le Kalong-Ho à l'ouest, limitent la sous-préfecture.

Entre ces deux fleuves coulent de nombreuses

rivières. La plus importante est celle de Kong-Ping, navigable à la saison des hautes eaux.

Kong-Ping. — Cette rivière passe à Na-So, marché où se vend spécialement le butin capturé en Annam. Le fameux pirate de mer Tien-Duc y avait sa résidence.

De Na-So à Phong-Sinh et au nord de cette ligne, la contrée est aride; on n'y aperçoit que quelques rares fermes éparses çà et là dans les endroits où la nature, moins marâtre, a permis l'établissement de quelques rizières.

Au sud, au contraire, la terre est fertile. L'œil se repose sur la plaine légèrement accidentée de l'enclave et sur la côte ciselée du golfe du Tonkin. Sur la rive ouest du cap Pac-Lung existent d'excellents mouillages. Les Chinois, comprenant toute l'importance de ce point, l'ont hérissé de travaux de défense. C'est aussi le seul port d'atterrissement de toute cette côte.

Aussi ne peut-on que déplorer la perte de cette bande de terrain que, gratuitement, sans compensation visible du moins, nous avons donnée à la Chine.

Song-Kalong-Ho. — Le Kalong-Ho prend sa source au nord-ouest de Bac-Phong-Sinh. Il reçoit, avant d'arriver au poste de ce nom, un affluent de débit sensiblement égal que les Chinois confondirent à dessein, ainsi qu'on le verra plus tard, avec le véritable cours du fleuve.

Dès sa sortie des gorges de Bac-Phong-Sinh,

le Kalong-Ho coule dans une vallée des plus pittoresques, baignant alternativement des postes français et chinois.

A Pac-Si, il se confond avec la rivière dite de Pac-Lam, qui prend sa source dans le Co-Nam-Chau, un des plus puissants contreforts des « Cent mille Monts ». Après avoir reçu des flancs abrupts de cette avant-chaîne, plusieurs affluents torrentueux, cette rivière traverse la plaine mamelonnée de Na-Lay, passe à Pac-Lam, marché où s'écoulent les produits de la piraterie, et, traçant vers le nord un large demi-cercle, arrive au pied du poste français de Pac-Si.

De ce point à la mer, le Kalong-Ho ou Pak-Lam sert de frontière entre la Chine et l'Annam dans sa ligne navigable. Un peu en aval de Pac-Si, à Than-Poun, blockhaus militaire, il reçoit la rivière de Na-Luong que les pirogues du pays peuvent remonter jusqu'à cette dernière ville.

Na-Luong est le marché le plus important de toute la frontière. Alors que sa population fixe n'atteint pas 2.500 habitants, l'affluence y est telle, que l'agglomération dépasse 5 à 6.000 âmes les jours de marché.

La ville est coquettement assise sur les bords de la rivière. Avec ses maisons bien alignées, recouvertes en tuiles, elle ressemble beaucoup à une ville européenne. La plus belle habitation est celle qu'y fit construire Luu-Vinh-Phuoc, l'ancien chef des Pavillons-Noirs. Il est à noter toutefois qu'il n'a jamais pu l'occuper, les habitants s'étant refusés à le recevoir, en souvenir des méfaits qu'il commit jadis dans le pays.

En aval de Than-Poun, le Kalong-Ho traverse une plaine très fertile. Sur la rive gauche, ce sont les riches cultures de thé d'Ho-Chau et, sur la rive droite, les rizières étagées de Loc-Phu, blockhaus militaire.

Enfin, avant de se jeter dans la mer par deux bras, et à leur bifurcation, le Kalong-Ho arrose les deux villes de Monkay et de Tong-Hin situées en face l'une de l'autre, la première sur le territoire tonkinois, la seconde en Chine.

Cercle de Moncay.

La région montagneuse de Moncay dont la structure semble difficilement saisissable à première vue, est au contraire constituée par des mouvements de terrain bien distincts, s'élevant progressivement depuis le bord de la mer, plaines couvertes de palétuviers, de brousse courte et de terres cultivées, jusqu'aux hauteurs boisées de la ligne frontière.

Deux chaînes se dégagent de cet ensemble.

La première est constituée par une série de hauteurs, succession de massifs secondaires, parfaitement tranchés, se détachant du pâté montagneux des « Cent mille Monts » et diminuant d'altitude en s'éloignant vers l'est (1).

La seconde, assise de la précédente, s'étend parallèlement à elle avec une altitude ne dépassant pas 280 mètres.

Ces deux chaines forment un massif compact dont le versant nord déverses ses eaux dans le Kalong-Ho, et le versant sud directement dans la mer.

Il présente en outre cette particularité que la ligne de partage des eaux de ces deux versants, longeant le Kalong-Ho à une distance d'environ 1.500 à 2.000 mètres, le versant nord tombe à pic au-dessus du fleuve, formant une véritable muraille, tandis que le versant sud s'étale progressivement jusqu'à mourir sous la forme de coteaux mollement ondulés dans les plaines qui bordent la mer.

Le Kalong-Ho n'a, par suite, aucun affluent réel sur sa rive droite; seuls des torrents temporaires, dont on ne trouve que les lits, et quelques sources l'alimentent. De nombreux arroyos descendent, par contre, du versant sud, arrosant les villages qui se sont créés sur leur bord,

---

(1) Ce sont :
    Le Co-Nam-Chau (1.061 mètres);
    Le Co-Phao-Lanh (809 mètres);
    Le Pan-Aï (700 mètres);
    Le Ma-Tao-San (630 mètres);
    Le Than-Poun-Lanh (387 mètres).

dans la dépression formée par la soudure des deux chaînes parallèles (plaines de Than-Maï, de Nga-Bat, de Vaï-Kaï, de Than-Van, de Daï-Mot-Canh, etc.) et les riches villages de la région maritime (Hacoï, Cot-Doaï, Cot-Dong, Doanh-Thin, etc.).

En 1893, toute cette région était jalonnée de fermes abandonnées, de villages en ruines, derniers vestiges d'une ancienne prospérité.

Ce tableau n'était pas sans contraster étrangement avec la richesse des plaines de la frontière chinoise.

Sur cette rive, pas un pouce de terrain n'était sans culture; des fermes isolées et des groupes de maisons parsemaient çà et là un tapis verdoyant de rizières s'étageant comme les plans horizontaux d'un relief dont les arêtes n'auraient pas été émoussées. Et le spectacle le moins curieux n'était pas celui que présentaient ces fermes, toutes plus ou moins peuplées, mais la plupart sans aucune défense, et qui, cependant, prospéraient à l'abri des dépradations de ceux qui faisaient le vide sur la rive tonkinoise.

II

LA PIRATERIE CHINOISE DANS LE CERCLE DE MONCAY

La Chine est la terre classique des insurrections. Chacun connaît celle des Taï-Ping qui compte parmi les plus désastreuses.

Des rebelles partis d'un point quelconque de l'Empire allaient ravager les plus riches provinces du centre et, après les avoir mises au pillage, revenaient, chargés de dépouilles, s'établir sur une frontière.

De temps immémorial, la frontière du Tonkin, par les avantages considérables qu'elle leur offrait, attirait surtout les rebelles. C'est du Kouang-Si, d'ailleurs, que partirent les Taï-Ping.

Les frontières nord et ouest de l'Empire ne les séduisaient guère.

Outre qu'ils s'y fussent trouvés en présence des Russes et des Mongols, les ressources y sont beaucoup moindres. Au midi, ils avaient devant eux les riches provinces du territoire annamite qui leur offraient en même temps un refuge si, par hasard, les autorités régulières de la Chine se risquaient à les inquiéter.

Quant à l'Annam, quelle crainte pouvait-il leur inspirer ? Aucune.

Son faible gouvernement ne pouvait s'opposer à ces invasions qui s'étendaient jusque dans les provinces avoisinant le Delta.

Les Chinois envahirent d'abord les provinces limitrophes, chassant devant eux l'aborigène, s'implantèrent sur le territoire de l'Annam, formant de véritables villes chinoises, telles que Pak-Lung, Moncay, Hacoï, et, grâce à la sujétion tyrannique dans laquelle ils tenaient les mandarins annamites, ils s'échelonnèrent progressivement le long de la côte, fermant tous les débouchés.

A côté du commerce régulier s'établit un commerce occulte de contrebande infiniment plus considérable et dont les Chinois avaient le monopole. De nombreuses jonques écoulaient en Chine des marchandises d'origine frauduleuse, soit que le fisc les prohibât, soit que le vol les eût acquises, soit qu'enfin elles fussent formellement interdites, comme le trafic des femmes et des enfants.

La topographie des côtes du Tonkin se prêtait d'ailleurs à merveille à cette contrebande maritime.

La mer de Chine, qui baigne la presqu'île indo-chinoise, s'incurve au nord et creuse le golfe du Tonkin. La vague venant du large grandit, s'allonge, puis tout d'un coup, resserrée entre le littoral de l'Annam et l'île de Haïnan, elle arrive, furieuse, se briser contre les provinces de Quang-Yen et de Moncay, dont elle festonne le rivage depuis des siècles.

C'est la baie d'Along.

Là, furent les premiers pirates en présence desquels nous nous trouvâmes et c'est à travers le labyrinthe inextricable formé par cette multitude de rochers que leurs jonques évoluaient des estuaires du Delta tonkinois aux ports de la Chine, dépistant toutes les recherches, rendant illusoires toutes les poursuites de nos canonnières chargées de faire respecter les traités.

Ce nom de pirate, qui s'applique exclusivement au pillard qui court les mers, se trouva, par la suite, généralisé et l'on désigna ainsi, aussi bien ceux qui se rebellèrent contre notre domination que les bandits vivant de rapines et de contrebande, à l'intérieur et sur les côtes.

Le grand centre de cette piraterie maritime était Moncay.

Du village annamite de Hoa-Loc (Mon-Cay) et du village chinois de Tong-Hin, à cheval sur la frontière sino-annamite, les Chinois avaient fait un port de mer dont la situation topographiqueque fait ressortir tous les avantages.

S'agissait-il d'un commerce de contrebande ? Le port s'appelait Moncay. S'agissait-il d'un commerce légal ? Il s'appelait Tong-Hin; le premier est situé en territoire annamite, le second en territoire chinois. C'étaient pourtant-là deux villes essentiellement chinoises.

Au contraire des villes annamites de la frontière, où les habitations sont en torchis et couvertes en chaume, les maisons de Moncay étaient pour la plupart en pierres et en briques solides avec les toits en tuiles.

Les ruines de l'ancienne ville, détruite en décembre 1886, furent une mine inépuisable de matériaux tout taillés qui, pendant de nombreuses années, servirent à toutes les constructions militaires de la nouvelle ville.

C'est que le vieux Moncay comprenait surtout de vastes magasins solidement bâtis, entrepôts où étaient entassés marchandises pillées, femmes et enfants volés, pour de là approvisionner les marchés importants de la Chine ou les maisons de prostitution des grandes villes.

Il existait même des maisons d'éducation où les femmes annamites volées recevaient une instruction chinoise. On les façonnait aux usages chinois pour augmenter leur valeur sur les marchés de Hong-Kong et de Shangaï. La situation de Moncay était donc des plus florissantes.

Tong-Hin, au contraire, était sans commerce, ni fortune.

Moncay était l'expression de la piraterie organisée et commanditée, Tong-Hin représentait l'autorité gouvernementale; mais le mandarin qui se trouvait à sa tête savait les pirates riches et puissants et, tout en restant le plus dévoué serviteur de l'Empereur, il les ménageait.

En 1884, les événements se précipitèrent et

aboutirent à la conquête et à l'occupation du Tonkin par nos troupes.

La Chine, pressentant tout ce qu'elle avait à perdre dans ce voisinage redoutable avait, à l'instigation de l'Annam, fait agir d'abord les Pavillons-Noirs, ses meilleurs soldats, quoique irréguliers, puis ses réguliers. Mais, impuissante, elle dut signer le traité de Paris - Tien-Tsin, 4 avril - 9 juin 1885 (1).

C'est alors qu'elle songea à entraver l'œuvre de pacification et d'organisation que la France désormais protectrice de l'Annam, s'était proposée.

Et les autorités chinoises de la frontière, menacées de voir leurs provinces pillées par les contrebandiers aux abois, n'hésitèrent pas à engager leurs congénères à n'exercer leur indus-

---

(1) L'esprit militaire en Chine est peu développé. L'armée chinoise se compose de mercenaires recrutés dans les dernières classes de la société. Ses chefs, triés dans un concours où la vigueur physique entre seule en ligne, ne jouissent d'aucun prestige et n'ont d'ailleurs aucune valeur militaire.

Mandarins civils et mandarins militaires ont leurs troupes respectives choisies et payées par eux, et, comme les économies qui peuvent résulter de leur entretien leur appartiennent, la solde des hommes est dérisoire et souvent même problématique. Les hommes de paille sont nombreux. Du haut en bas de l'échelle hiérarchique, le mandarin licencie le gros de sa troupe dès qu'il se sent à l'abri d'une inspection. Le régulier en disponibilité se fait alors coolie, plus volontiers pirate, prêt cependant à rentrer dans les cadres au premier appel de son chef.

trie que sur notre territoire, moyennant quoi ils ne seraient nullement inquiétés en Chine.

Dès lors, la Chine sera leur refuge sans que le gouvernement chinois puisse ou veuille l'empêcher; car si, d'une part, il lui était difficile de réprimer la piraterie par suite de la faiblesse de son autorité sur les provinces du sud, il ne pouvait, d'autre part, qu'envisager d'un œil bienveillant un état de choses qui amoindrissait un voisin redouté, tout en entretenant sur la frontière un noyau précieux d'hommes aguerris, connaissant bien le Tonkin, et dans lequel il était à même de puiser largement en cas de guerre avec nous.

La vérité est que le gouvernement central ferma les yeux. Ses représentants à la frontière allèrent plus loin en favorisant et en encourageant cette contrebande.

Tong-Hin s'accrut de tous les riches commerçants de Moncay qui ne pouvaient ouvertement opérer sur le territoire annamite, maintenant nôtre.

Ils s'éparpillèrent aussi, à mesure que la piraterie prospérait, dans toutes les grandes villes chinoises du Kouang-Si et du Kouang-Tong et formèrent une vaste association. Habilement organisée, celle-ci avait des agents exécutifs au Tonkin, opérant les vols et les rapts; elle avait en Chine ses émissaires entremetteurs, chargés de négocier les échanges; sur la frontière, ses agents recéleurs, tenus de recevoir le butin, d'en remettre le prix aux chefs de bandes.

L'objet de ces fructueux échanges — la femme et l'opium — était d'ailleurs d'une vente assurée par cette raison bien simple que la demande surpasse l'offre.

Dans les régions du Kouang-Si et du Kouang-Tong, le nombre des femmes n'est pas proportionné à celui des hommes. On ne compte guère qu'une femme pour deux ou trois hommes.

Cette disproportion de sexe rend le prix d'une Chinoise fort élevé; la somme — 500 francs environ — n'est pas à la portée de tous les appétits, et il n'y a guère que les fonctionnaires et les riches commerçants qui peuvent s'offrir ce luxe. On comprend dès lors quel placement facile et sûr représente une femme capturée au Tonkin pour être vendue en Chine. Le nombre de celles qui sont volées chaque année est considérable et constitue la majorité de l'élément féminin sur la frontière (1).

L'opium, si recherché par tout Oriental, acquiert au Tonkin, par suite des droits de douane, une valeur quadruple de celle payée en Chine; sa vente est, par suite, assurée.

Les deux principaux produits d'importation et d'exportation, ont donc tous les deux une valeur élevée; ils sont d'un écoulement rapide et

---

(1) La femme annamite se vendait de 80 à 120 francs.

sûr; les risques à courir n'existent que pour les agents d'exécution, et, parmi toute la population flottante de la frontière, coolies sans travail, soldats libérés ou déserteurs, déportés sans famille, généralement sans ressources, il est facile de les recruter contre l'appât d'une solde élevée et d'une part dans les bénéfices.

Telle était, en 1892, cette question de la piraterie, véritable fléau qui désola si longtemps le Tonkin.

III

L'ANNÉE 1893

Luu-Ky avait été tué en juillet 1892. Luong-Phuc, Vu-a-Taï, Ly-a-Tchung, les autres chefs importants de la frontière du Kouang-Tong, fatigués et enrichis, aspiraient au repos et, d'agents d'exécution, songeaient à devenir commanditaires.

A leur instigation et à celle du général Phong (1), leurs lieutenants s'improvisèrent chefs à leur tour, afin de continuer leur lucratif commerce.

Lô-Man, lieutenant de Ly-a-Tchung, allait devenir le plus célèbre d'entre eux. D'une taille élevée, robuste, sensuel, fumant peu l'opium, Lô-Man était dans la région depuis sept ans; il

---

(1) Le général Phong-Tu-Thaï, plus communément appelé Phong, commandant les troupes de Kam-Chau de l'armée chinoise du Kouang-Tong, était l'âme de la piraterie sur cette partie de la frontière. Son hostilité à notre égard se manifestait même ouvertement, ce qui n'est pas le cas chez la plupart des mandarins chinois, qui dissimulent la haine profonde qu'ils nous ont vouée sous les apparences d'une urbanité stricte et correcte. Il se flattait de nous avoir battus à Lang-Son, et, de fait, il commandait une partie des troupes chinoises pendant les affaires de Lang-Son. Un de ses fils commandait les troupes du camp d'avant-garde de Tong-Hin, en face de Moncay.

passait pour en connaître tous les sentiers, depuis le Dong-Trieu jusqu'à la frontière.

Encore à ses débuts, au commencement de l'année 1893, il cherchait, en de petites incursions sur notre territoire, un emplacement propre à lui servir de repaire.

Panorama d

Sa bande, d'un effectif très restreint, était alors fractionnée en deux parties : l'une à Truong-Nhi, dans le territoire contesté de Hoan-Mo ; l'autre dans le massif du Ma-Tao-San. Son quartier général était à Truong-Nhi.

Le Ma-Tao-San (littéralement Montagne de la

Tête de cheval) fait partie de la ligne des hauteurs qui longent la rive droite du fleuve frontière Kalong-Ho.

A proximité des riches villages de la région maritime, et aux portes de la Chine, on ne pouvait choisir une position plus favorable.

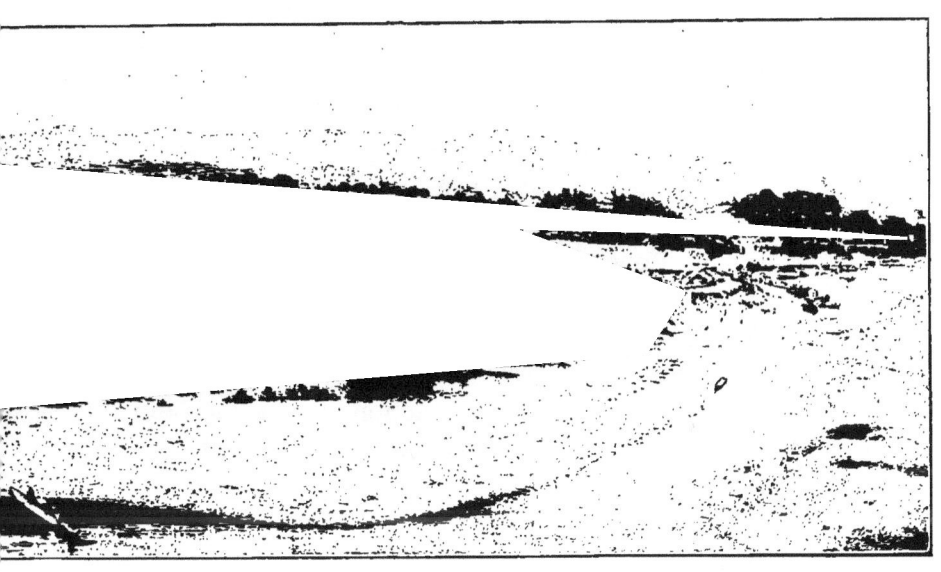

u de Mon-Cay.

Leurs pillages accomplis, les pirates y rencontraient un refuge assuré, une sorte de gîte d'étape, avant d'écouler leur butin en Chine, où ils trouvaient toutes facilités sur les marchés de Pak-Lan et de Na-Luong pour effectuer leurs échanges.

Ly-a-Tchung, chassé de la forêt de Napa (massif de Binho), avait déjà fait, à la fin de 1892, un essai d'occupation de cette région. Il s'était montré à Vay-Kay, dans la partie sud du massif, et avait débuté par un coup d'audace destiné à frapper de terreur tous les villages environnants. Il attaqua Cuoc-Doai, un des plus riches villages de la région maritime, et, après une résistance acharnée, au cours de laquelle dix habitants furent tués, les pirates se retirèrent emportant 41 femmes, 23 buffles et laissant en ruines le village incendié.

Cette attaque fut le prélude d'une série de méfaits qui désolèrent les plaines de Moncay et de Hacoï. Le plus important fut marqué par l'enlèvement du mineur Piccinelli, surveillant à l'exploitation de la mine d'antimoine de Mathé (23 octobre).

On a vu, dans l'Introduction, les raisons qui militèrent, dès la fin de 1892, pour l'emploi de moyens pacifiques.

Les opérations militaires de l'hiver 1891-1892 avaient quelque peu désorganisé les bandes.

Au lieu de frapper résolument un dernier coup pour anéantir ces épaves, dont les méfaits, s'ils terrifiaient encore les populations, n'étaient que les dernières convulsions d'un corps agonisant, on transigea : le mineur Piccinelli fut racheté un millier de piastres et la soumission de la bande fut l'objet d'une négociation.

La piraterie, désormais alimentée par d'officiels.bailleurs de fonds, allait connaître une ère d'inouïe prospérité. En vue d'une principauté ou d'une rente, tous les efforts des chefs allaient tendre à augmenter leur bande et à faire parler d'eux.

En mars, plus de 200 pirates offrirent leur soumission au poste de Pointe-Pagode.

Sur ce nombre, 50 seulement furent reconnus pirates par les autorités indigènes de la province ; les autres n'étaient que des coolies et des miséreux, recueillis un peu partout, afin de grossir la bande et de faire croire à son importance.

Il était alors bien pensant d'opiner que les pirates, loin d'être des malfaiteurs incorrigibles, étaient simplement des déclassés, prêts à vendre leurs services à qui les achète, voire à mener une existence paisible si elle leur était offerte. Par application de ce principe, on enrégimenta une cinquantaine de ces individus dans la douane, en qualité de matelots.

Trois mois ne s'étaient pas écoulés qu'on découvrait parmi eux un complot d'évasion avec armes. Il fallut déchanter. On en arrêta quelques-uns à temps; ils furent jugés et fusillés.

En devenant chef, Lô-Man prit le titre de *chanh-lanh-binh* (commandant des troupes) et, pour colorer ses brigandages d'une teinte de patriotisme, il se déclara envoyé par l'empereur d'Annam pour combattre « la piraterie française ».

En avril, il est signalé comme étant installé au Ma-Tao-San. Il donne l'ordre à tous les chefs des villages environnants d'avoir à lui apporter des vivres.

Fin mai, les mines d'antimoine des environs de Than-Maï et de Ma-Thé cessent leurs travaux.

A Ma-Thé, 17 femmes et 18 buffles avaient été enlevés, 5 indigènes tués et 6 blessés.

Cependant, le 7 juin, une reconnaissance, sous les ordres du capitaine Chieusse, est envoyée dans la région signalée comme étant occupée par les pirates. Elle pousse jusqu'à Pac-Lieu, au pied du Ma-Tao-San, et découvre sur le flanc sud-ouest du massif, derrière un renflement de terrain en forme de mamelles, le repaire de Lô-Man. Une dizaine d'hommes qui l'occupaient se dispersent en tirant quelques coups de fusils. Son repaire ayant été brûlé, Lô-Man en installe un autre plus important, à 200 mètres au-dessus du premier. De là, il rayonne dans la région, étendant chaque jour le cercle de ses déprédations.

Au mois d'août, un employé indigène de la douane de Pac-Si parvient à s'échapper du Ma-Tao-San, après y avoir été retenu prisonnier pendant six semaines. Rentré à Moncay, il donne sur les positions des pirates tous les renseignements désirables. On apprend de lui que trois chemins donnent accès au nouveau repaire.

Grâce à ces renseignements et à ceux qu'avait rapportés la reconnaissance Chieusse, une colonne forte de 500 hommes marche sur le repaire.

Les pirates, ne se trouvant pas en force suffisante pour résister à cette colonne, ne l'attendirent pas. Ils se dispersèrent dans les bois environnants et, le 12 août, nos troupes arrivèrent sans coup férir au petit repaire découvert et brûlé le 7 juin.

Quelques buffles furent seulement rencontrés.

Le retour s'effectua sans incident.

Mais nos troupes n'étaient pas rentrées dans leurs garnisons que le village de Vaï-Kaï, au pied du massif, était pillé ainsi qu'un des villages de la plaine de Ha-Coï. Dans ce dernier, sept femmes et enfants étaient enlevés.

Le 30 août, on apprit que les courriers étaient interceptés. La poste demandait que les porteurs de dépêches fussent accompagnés. Il devenait impossible de recruter des coolies; les escortes, les convois étaient attaqués.

Le 21 septembre, un convoi, sous la conduite du sergent-major Collinet, tombait dans une embuscade, à hauteur du village de Daï-Dong-Dien, en face et à moins de 500 mètres du poste chinois qui porte le même nom. Le sergent-major, un caporal et deux soldats européens furent blessés, un tirailleur tué et trois blessés. Le commandant du convoi affirma que les réguliers du poste chinois avaient tiré sur l'escorte.

Quelques jours après, le village annamite près duquel avait eu lieu cette attaque, fut pillé. Il y eut cinq tués, quatre blessés, dix-neuf femmes et enfants enlevés, huit buffles et quatre fusils pris aux partisans.

Les postes eux-mêmes furent l'objet de tentatives hardies. L'une d'elles échoua sur le blockhaus de Than-Poun; mais, au poste de Bac-Phong-Sinh, dans la nuit du 1er au 2 octobre, le corps de garde du parc à buffles fut attaqué. Huit tirailleurs, surpris, furent frappés à coups de couteau, et deux carabines enlevées. Dans la plaine, les attaques se multipliaient; il serait fastidieux d'en donner le détail. Durant les derniers mois de 1893, la moyenne mensuelle fut : une dizaine d'indigènes tués, une vingtaine de femmes enlevées, le reste à l'avenant. Cela pendant que nos soldats, la truelle ou la pioche à la main, construisaient des blockhaus et des routes carrossables!...

Devant notre inaction, l'audace des pirates s'accrut; le pays leur étant en quelque sorte abandonné, les rares habitants de la vallée du Kalong-Ho qui étaient revenus se fixer au Tonkin, à la suite de l'occupation de la ligne frontière, commencèrent à repasser en Chine, où ils se sentaient plus en sûreté.

Ils se contentaient de venir dans la journée cultiver les terres qu'ils possédaient sur la rive française, donnant ainsi à cette région un air de prospérité factice.

Mais la piraterie devait disparaître par l'effet de notre entente avec les autorités chinoises!...

C'est ainsi qu'à Naluong (Chine) des placards sont affichés durant la grande foire annuelle de mai, interdisant sous les peines les plus sévères aux habitants de la Chine de franchir la frontière. Seulement, cette ordonnance qui, selon les autorités chinoises, visait les incursions des pirates, n'eut d'autre résultat que d'empêcher les marchands chinois de venir vendre leurs denrées aux tirailleurs de nos blockhaus en construction.

En face d'autorités qui n'avaient aucun intérêt à voir cesser un état de choses qui, tout en leur assurant de sérieux bénéfices, portait atteinte au prestige de la nation conquérante voisine, s'il ne venait pas à bout de sa persévérance, la conciliation, les avances étaient une fausse manœuvre. C'était aussi jouer un rôle de dupe, puisqu'il était avéré, par des documents authentiques et des faits patents, que les mandarins civils et militaires étaient les complices des pirates et favorisaient leurs entreprises.

IV

CESSION DU TERRITOIRE CONTESTÉ DE HOAN-MO

La bonne intelligence dans laquelle nous devions vivre avec nos voisins amena le règlement des contestations relatives au canton de Hoan-Mô.

La frontière sino-tonkinoise avait été délimitée, en 1886-1887, par une commission spéciale, composée de représentants des deux gouvernements français et chinois (1); puis des commissions d'abornement avaient suivi, la dernière en 1891.

L'accord ne régna pas toujours entre les

---

(1) M. Haïtce, ancien élève de l'Ecole des langues orientales, membre de cette commission, venu à Moncay en octobre 1886 pour s'aboucher avec les commissaires chinois, fut attaqué, dans la nuit du 24 au 25 novembre, par des hordes de brigands et de réguliers chinois. Après trois jours et trois nuits d'une résistance désespérée, les munitions épuisées, M. Haïtce et la petite troupe composant son escorte — 10 chasseurs à pied et 20 miliciens indigènes — tombèrent entre les mains des Chinois. Haïtce fut massacré dans les rues de la ville par la populace. Son corps fut dépecé, le foie mangé, et le fiel, mélangé avec de l'alcool de riz, absorbé par ces sauvages. Les têtes et certaines parties du corps de tous les Français tués dans cette affaire furent promenées pendant plusieurs jours au bout de piques dans la ville de Moncay et dans les environs, au milieu de fêtes dignes de cannibales.

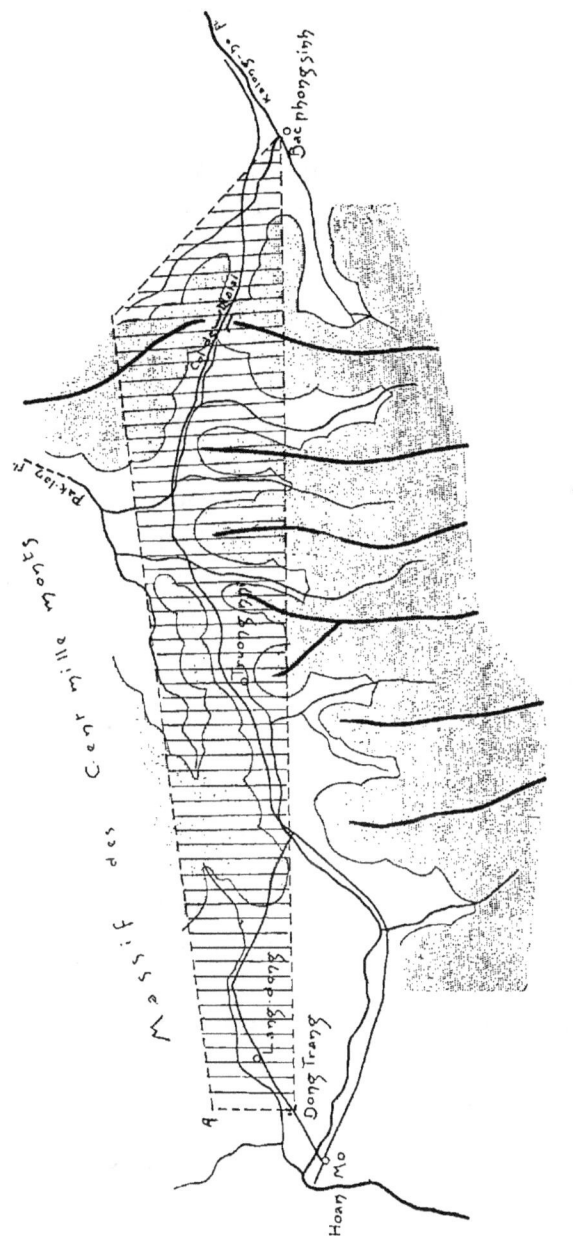

Croquis du territoire contesté.

Luttes et combats. 4

commissions des deux pays. Les Français eurent à lutter contre les prétentions exagérées des Chinois. Si l'on put s'entendre sur quelques points de divergence, il en fut un cependant sur lequel les membres des deux commissions ne purent tomber d'accord : il était relatif à la possession du canton de Bat-Trang, plus communément Hoan-Mô, à la fois revendiqué par les deux nations.

La frontière entre le Tonkin et la Chine, dans la partie limitrophe de la province de Quang-Tong, est constituée par le fleuve Kalong-Ho, depuis son embouchure jusqu'à sa source.

Il avait été admis, par la commission de délimitation internationale de 1887, que, de ce dernier point, la frontière se dirigerait suivant une ligne droite vers le point A (voir la carte), au nord de l'ancien marché de Dong-Trang, en face d'Hoan-Mô. Or, à Bac-Phong-Sinh viennent se rejoindre deux cours d'eau, dont l'un, celui du nord, était considéré par la France comme étant le véritable cours du fleuve, tandis que la Chine le regardait comme un affluent, prétendant que la branche du sud était le vrai fleuve.

Si notre tracé avait été adopté, par ce seul fait nous acquérions la vallée de Nalaï à Hoan-Mô, qui mettait en communication nos postes du haut Kalong-Hô avec ceux de la haute vallée du Song-Tien-Yen, par Truong-Nhi; tandis que cette communication ne pouvait être établie par le cours de l'affluent du Song-Kalong-Ho, à Bac-Phong-Sinh.

En effet, dans cette direction, il existe, entre Hoan-Mô et Bac-Phong-Sinh, un massif très montagneux, très élevé, d'accès très difficile, à travers lequel ne passe aucun sentier, et qui n'est même jamais franchi par les habitants, en raison des difficultés insurmontables qu'il présente.

Pour la Chine cette même route de Nalaï à Hoan-Mô étant un tronçon de la route mandarine qui met en relations les principales villes du Kouang-Tong avec le Kouang-Si, leur en enlever la libre circulation, c'était les contraindre à faire un grand crochet vers le nord, à la recherche d'un col leur permettant de franchir le massif presque impénétrable des « Cent mille Monts ».

De là leur acharnement à nous disputer la possession de cette route.

De quel côté était le droit ?

En écartant la question controversée du véritable cours du Kalong-Ho, on pouvait se guider, touchant la délimitation de la frontière, sur une autre donnée. C'est que les cantons de Bat-Trang et de Kien-Duyen, qui se trouvent sur ce territoire contesté, avaient de tout temps appartenu à l'Annam, auquel ses dix-neuf villages payaient l'impôt.

Il ne pouvait y avoir de doute à cet égard, et les Chinois le savaient si bien que, depuis le

litige, ils prenaient la précaution de faire porter la queue à tous les habitants, et qu'ils obligeaient les villages à refaire leurs titres de propriété, au nom du gouvernement chinois.

Aucune des commissions de délimitation ou d'abornement n avait consenti à céder aux exigences chinoises, et depuis longtemps la question était pendante. Le gouvernement chinois, pour qui les questions de temps sont sans importance, prit le meilleur moyen pour nous faire renoncer à nos justes prétentions.

Il berna les différentes commissions et s'installa sur le territoire contesté, y créant des postes, afin de se prévaloir du droit d'occupation, le jour où nous viendrions à le réclamer.

En présence de ces faits, au commencement de 1893, le lieutenant-colonel commandant le 1er territoire militaire avait choisi, pour la reconstruction du poste de Hoan-Mô, une position fort avantageuse pour nous, mais qui se trouvait sur le territoire contesté.

Dès que le poste chinois voisin comprit notre intention de nous installer en ce point, il fit des représentations et menaça même de s'y opposer par la force.

Le lieutenant-colonel fut désavoué et nos troupes se retirèrent sur la rive droite. C'est alors que le gouvernement local donna l'ordre de régler définitivement le différend.

Au commencement de 1894, une commission de délimitation et d'abornement fut nommée.

Par un « *règlement amiable* » *tous nos droits furent abandonnés* et les bornes placées suivant la ligne proposée par les commissaires chinois.

La cession du canton de Bat-Trang était regrettable, non seulement parce qu'elle nous privait d'un territoire où la population présente une certaine densité, mais encore parce que son annexion au Céleste Empire constituait dans notre système général de défense de la frontière, tant contre les forces régulières que contre les pirates, une trouée donnant accès au Tonkin et que nous ne pouvions fermer qu'incomplètement.

De plus, en raison de la configuration du terrain, la communication directe entre nos postes frontières était rendue impossible, une série de vallées parallèles élevant entre les deux points extrêmes — Hoan-Mô et Bac-Phong-Sinh — des hauteurs, véritables murs d'une altitude moyenne de 1.000 mètres.

Nous verrons les déplorables conséquences de cette situation lorsque nous parlerons du passage en Chine de la famille Lyaudet enlevée à Kébao.

A l'heure présente, la cession du canton de Bat-Trang était surtout un aveu d'impuissance, une constatation de notre faiblesse qui fit relever la tête aux Chinois, un instant étonnés par la construction de nos blockhaus en face de leurs postes.

La diplomatie tenace, retorse, fourbe, de la Chine triomphait une fois de plus.

Depuis l'abandon de l'enclave de Pack-Lung, — 1887, —nos concessions aux Chinois sur cette partie de la frontière avaient pourtant été nombreuses. La dernière rendait, il est vrai, la situation nette. Elle n'était pas faite pour relever notre prestige.

L'autorité des chefs de bandes, leur puissance s'accrurent de cet amoindrissement.

***

Après la cession à la Chine du territoire d'Hoan-Mô, Lô-Man, délaissant son quartier général de Truong-Nhi, se fixa définitivement au Ma-Tao-San, qui devint le centre de ses opérations.

Durant le travail de la commission internationale d'abornement, le bruit avait couru qu'il voulait enlever les membres de la commission française; en tout cas, s'il l'avait conçu, il ne donna pas suite à ce projet. Cependant Lô-Man eut avec nos troupes, près de Coc-Ly, village ami, limitrophe du territoire contesté, un engagement qui, grâce à l'habileté du lieutenant Prouhet (1), tourna à son désavantage, et, à la

---

(1) Décédé à l'hôpital de Quang-Yen en juin 1895.

suite duquel se rejetant sur le village, il le détruisit de fond en comble le 11 mars 1894.

Sa bande grossissant en raison de ses convoitises, un deuxième repaire fut établi sur le versant nord-ouest du massif, près le col de Luc-Chan, assurant une ligne de retraite par Ly-Quan.

Un second lieutenant de Ly-a-Tchung, en reçut le commandement. Il s'appelait Laou-Sam. C'était un homme de peu d'instruction, mais réputé pour son courage et son activité.

L'année 1894 débuta par l'envoi d'une reconnaissance dans le Ma-Tao-San (24 avril). Elle dut se servir de l'unique sentier connu, celui qui avait été suivi déjà les 7 juin et 12 août. Ce sentier, qui monte directement au repaire, constitue, par la disposition des pentes où il se trouve tracé, un écueil, pour ainsi dire infranchissable si la position est défendue.

Trois groupes furent formés; mais, dans l'ignorance complète où l'on était des positions de l'ennemi, ils n'obtinrent aucun résultat.

Le groupe de droite, dirigé par le capitaine Muller, qui commandait la reconnaissance, rencontra un précipice qu'il fut impossible de franchir; le détachement du centre, sous la conduite du lieutenant Ruby, malgré l'entrain, l'élan que cet officier essaya de communiquer à sa troupe, ne put même pas approcher du point déjà deux fois atteint, le 7 juin et le 12 août.

Les pirates reçurent nos troupes de pied ferme, et la reconnaissance dut battre en retraite avec ses tués — un sergent européen et quatre tirailleurs — et ses blessés — huit tirailleurs.

Cette affaire était un véritable succès pour les pirates, qui gardaient toutes leurs positions. Pour la première fois, la bande de Lô-Man se mesurait avec nos troupes en un véritable combat et non dans une embuscade. L'avantage lui était resté sans conteste. Ce ne devait pas être le dernier.

Le danger que l'on n'avait jamais voulu avouer grandissait. Pour ne pas condamner les errements suivis jusqu'alors, on se refusait à le voir.

On déclara que cet engagement chassait les pirates de la région pour six mois, et, afin que de nouvelles rencontres ne vinssent pas démentir cette assertion, on fit en sorte de les éviter.

Défense fut faite aux troupes de traverser la région Ma-Tao-San, Than-Van.

Lô-Man put régner en maître dans toute la région, percevoir les impôts et rançonner les villages récalcitrants. Bien plus, la plupart de ceux que nous avions armés furent contraints de pactiser avec lui.

Entre temps, Lô-Man publiait la proclamation suivante :

« Il s'est rendu, conformément aux ordres du

roi Ham-Nghi, avec ses hommes, au Tonkin, pour protéger les habitants paisibles contre les pirates français.

» Il s'oppose aux allées et venues pendant la nuit, *dans cette région qu'il commande.* Les habitants ont l'habitude de venir souvent dans son poste; il le leur défend et prie les notables de leur faire connaître qu'il dépose des bombes aux alentours et que ses hommes tireront sur tous ceux qui enfreindront ces ordres. »

Les rizières environnantes se cultivaient sous la protection des pirates! Et lorsque, dix mois plus tard, la colonne Chapelet envoyée enfin pour occuper cette région, dut la parcourir, ce ne fut pas sans étonnement qu'elle vit en pleine culture les rizières, les champs de patates prêts à être récoltés, alors que les fertiles plaines avoisinant nos postes frontière étaient depuis longtemps en friche.

A partir de ce moment, la piraterie s'affirma avec une intensité croissante, et telle qu'on ne l'avait pas encore vue.

Le 28 mai, l'escorte du convoi fluvial de Pac-Si est attaquée à hauteur de la ferme de Luc-Cham, à 1.900 mètres et en vue de notre blockhaus de Nam-Si. Sur 28 hommes composant cette escorte, un caporal et six tirailleurs sont tués, huit blessés, six fusils sont enlevés.

Les pirates, après cet exploit, se retirèrent dans les bois environnants et rentrèrent la nuit en Chine, sans que les postes voisins de Nam-

Si et de Pac-Si, distants de moins d'une heure, aient organisé seulement un semblant de poursuite.

Lô-Man avait trop beau jeu pour ne pas recommencer. Durant le mois de juin, des attaques se produisent dans la plaine même de Moncay. Le bilan pour ce mois fut : 8 tués, 6 blessés, 38 femmes enlevées, 29 buffles volés.

En juillet, sous l'impulsion d'un nouveau commandement, la reconnaissance de la région du Ma-Tao-San allait probablement être tentée. Déjà quelques détachements s'étaient avancés jusqu'en vue des positions ennemies. Ce fut la reconnaissance des lieutenants Vitard et Angeli, puis le 10 août, celle du capitaine Rouvel, lorsque, le 27 du même mois, éclata comme une bombe, la nouvelle de l'enlèvement, en plein Moncay, de Mme Chaillet et de sa fille.

V

ENLÈVEMENT DE Mme CHAILLET ET DE SA FILLE

Pendant la nuit du 26 au 27 août, la patrouille de minuit venait de rentrer à la citadelle, n'ayant rien remarqué d'anormal, lorsqu'une vive fusillade se fit entendre du côté de l'habitation du contrôleur des douanes Chaillet.

C'était la bande de Lô-Man, forte d'une centaine d'hommes, qui se ruait sur cette demeure.

Soixante-dix Chinois, complètement nus, pour être plus difficilement appréhendés, étaient entrés dans Moncay en deux groupes.

Ils avaient été précédés dans la journée par quelques femmes, auxquelles on avait donné mission de distraire les matelots de la douane en les provoquant à la débauche.

Le gros était entré vers minuit en pratiquant, entre deux postes de garde, une ouverture dans la palissade qui sert d'enceinte à la ville. Les pirates avaient ainsi pu gagner un chemin couvert qui longe la palissade et donne accès dans la rue de la citadelle, à peu de distance de la maison Chaillet.

Grâce à la nuit profonde, aux rues désertes, à la connaissance qu'ils avaient des lieux, il leur fut facile d'arriver tout près de la demeure du contrôleur des douanes; mais les aboiements des chiens donnèrent l'éveil au matelot de garde. Cet homme accourt et aperçoit les envahisseurs s'attaquant à la porte. Il lâche son coup de fusil, et, sous le feu des Chinois qui ripostent, se replie derrière l'habitation.

Au bruit, M. Chaillet sort précipitamment afin de rassembler ses matelots, sept à huit indigènes.

Pendant ce temps, les Chinois enfonçaient la porte de la maison à l'aide d'un lourd maillet. Une partie de la bande, entrant dans la chambre à coucher, s'empare de Mme Chaillet ainsi que de sa fille.

Lorsque M. Chaillet eut rassemblé ses hommes, les pirates sortaient de sa chambre. Pour leur couper la retraite, il tourne sa maison; à ce moment, il reconnaît dans le groupe qui sort du jardin, sa femme et sa fille, en chemise et bâillonnées.

Dans la crainte qu'une balle égarée ne frappât l'un des siens, Chaillet ordonne à ses matelots de ne tirer qu'à son commandement, et suivi seulement de trois de ses hommes, s'élance sur les traces des ravisseurs.

En traversant la rue, il tombe mortellement blessé par la balle d'un pirate embusqué. Quelques-uns de ces bandits se précipitent, lui enlèvent son revolver et s'enfuient dans la direction prise par le gros de la bande.

Privés de leur chef, les matelots indigènes se replient sur le jardin, ne songeant guère à poursuivre les pirates.

Ce sanglant épisode n'avait duré que peu de minutes; cependant, la garnison s'était déjà mise en mouvement. A la tête des hommes de piquet, le maréchal des logis Guillemot était accouru, avait relevé le corps de Chaillet et s'était élancé sur les traces des Chinois.

Par malheur, les matelots de la douane, dans leur trouble, ne lui donnèrent que des renseignements incomplets; aussi suivit-il une fausse piste.

En même temps, une deuxième troupe, commandée par le sergent Collin, se portait du côté de la porte de Chine. Mais les gardiens de ce poste ne purent lui donner aucune indication utile. Il y avait plusieurs minutes que la bande avait disparu, et, grâce à l'obscurité qui régnait, c'était plus de temps qu'il n'en fallait à ces hommes familiers de tous les sentiers, pour échapper à toute poursuite.

En vain deux patrouilles, sous les ordres des lieutenants Laulhier et Toussaint (1), se portent-elles vers les passages à gué du fleuve; en vain explore-t-on le pays jusqu'au matin : les Chinois, qui s'étaient enfuis par le chemin couvert qu'ils avaient déjà suivi, parvenaient à atteindre la rivière à Kien-Dau-Cau et à repas-

---

(1) Décédé le 7 janvier 1899, à Saïgon (Cochinchine).

ser la frontière, au delà de laquelle on ne pouvait les poursuivre.

De renseignements particuliers il ressortit que ce coup de main, exécuté avec une audace et une rapidité extraordinaires, avait été préparé de longue date.

La bande était descendue, le 26 avril, de Na-Luong par voie fluviale. Toujours superstitieux, les pirates avaient, dans la pagode de Ngao-Fô, fait des offrandes à Boudha, que, suivant leur coutume, ils consultèrent sur l'issue probable de leur entreprise.

Le dieu leur avait promis la réussite, recommandant toutefois de se contenter d'enlever Mme et Mlle Chaillet et de ne pas attenter aux jours du contrôleur. Des ordres avaient été donnés en ce sens.

Chaque pirate reçut une attestation écrite de sa participation à l'expédition, donnant droit à une part proportionnelle dans la rançon des deux captives, part plus forte pour les hommes spécialement chargés de l'enlèvement.

Ce qui causa la mort de Chaillet, c'est qu'un Chinois qui n'avait pas reçu d'attestation, ayant demandé s'il toucherait sa part de prime, il lui fut répondu négativement par un des chefs. Dans la rage d'être déçu, il tira sur le contrôleur un coup de son winchester et le tua net.

Quelles étaient maintenant les causes de ce rapt? On en a donné plusieurs.

Les uns ont prétendu que les Chinois avaient

voulu tirer vengeance de la guerre que le contrôleur Chaillet faisait à leur contrebande, et de ce qu'il favorisait le commerce de Moncay aux dépens de celui de Tong-Hin.

D'autres insinuèrent qu'un ancien boy du contrôleur, épris de Mme Chaillet, afin de se venger du mari, qui l'avait plusieurs fois châtié et finalement renvoyé, s'était affilié à la bande de Lô-Man et avait servi d'indicateur.

La vérité, c'est que cette bande, que l'on avait laissé se former depuis seize mois, fortement constituée, ne pouvait se suffire à l'heure actuelle en attaquant les villages, genre d'opérations souvent peu fructueux et de plus en plus difficile et dangereux depuis que les habitants avaient été pourvus d'armes. D'autre part, le gouvernement venait de payer une forte rançon pour trois Européens enlevés sur la ligne du chemin de fer. L'appât d'un semblable profit avait été le seul et vrai mobile de l'enlèvement.

La nuit même du rapt, la bande avait repassé la frontière ; mais, comme les mandarins chinois ne pouvaient, officiellement, tolérer ce séjour, Mme Chaillet et sa jeune fille furent conduites au repaire du Ma-Tao-San, le 30 août (1).

---

(1) Le lieutenant-colonel qui commandait le cercle de Moncay fut relevé de son commandement et envoyé à la disposition du Ministre. Il était en fonctions depuis quelques semaines. A son arrivée dans la place, il avait proposé au contrôleur des douanes une garde de quelques

Là, les pirates étaient tranquilles, les négociations pour la rançon des captives ne pouvant marcher de front avec une action militaire. Ils autorisèrent même un des boys de Mme Chaillet à venir servir sa maîtresse, et ce dernier, sur lequel planait le soupçon d'une complicité dans l'enlèvement, pour sauver sa tête, se risqua à venir au repaire où il resta jusqu'à la délivrance des captives.

Les postes de Pac-Si et de Than-Maï firent parvenir aux prisonnières des vivres et des vêtements. D'autre part, les Pères Grandpierre et Freyssinet, missionnaires catholiques, sollicités par le gouverneur général, acceptèrent de s'entremettre pour traiter de la rançon.

De leur côté, afin d'activer les négociations, les pirates faisaient écrire par Mme Chaillet des lettres désolées, en lesquelles elle se plaignait des tortures qu'on lui faisait subir. Ces lettres et celles qu'on lui adressait étaient traduites par un lettré de la bande qui savait le français.

En réalité, les tortures endurées par Mme Chaillet étaient surtout morales, les Chinois traitant bien leurs prisonnières, même les femmes

---

Européens. La topographie des lieux l'imposait : la demeure du contrôleur se trouvait entre le poste militaire et la frontière, celle-ci proche de 800 mètres.

M. Chaillet, présomptueux quelque peu et surtout amoureux de son indépendance, avait refusé la garde qui lui était offerte. Il le paya de sa vie. C'était un homme brave, plein d'activité, d'un commerce agréable et d'une parfaite urbanité.

annamites qu'ils enlèvent. Celles-ci, destinées à être vendues, ont une valeur marchande qu'ils ne s'exposeraient pas à déprécier. Il en est de même pour les Européens qui tombent entre leurs mains; l'espoir d'une rançon les empêche de les torturer.

Ce qui tend à prouver que les mauvais traitements infligés aux captifs, sont souvent imaginaires, c'est que, dès le 1er septembre, Mme Chaillet s'informe si ses bijoux ont été volés. Cette préoccupation d'intérêts matériels dénote une certaine tranquillité d'esprit.

Nous verrons aussi plus tard M. Lyaudet, captif avec sa femme et sa fille, demander, en *post-scriptum* d'une lettre où il détaillait les raffinements de cruauté dont ils étaient victimes, un peigne, une glace et..... un jeu de cartes.

VI

REDDITION DES PRISONNIÈRES. — COLONNE DU MA-TAO-SAN

Aussitôt après l'enlèvement de Mme Chaillet, et en prévision d'une action militaire que pourraient provoquer les prétentions exorbitantes des pirates, plusieurs petites bandes de la frontière étaient venues renforcer celle de Lô-Man.

Mais des dissensions éclatèrent au cours du mois d'octobre. Les frères Tcheng, chefs d'une de ces bandes, émirent la prétention de reprendre les deux captives même par la force, déclarant à Lô-Man que, s'ils échouaient dans cette tentative, ils attaqueraient le convoi chargé d'apporter la rançon, ce qui équivalait à la rupture des engagements pris. Lô-Man transigea et tout rentra dans l'ordre.

Les prisonnières furent rendues le 17 décembre contre une rançon de 65.000 piastres, environ 175.000 francs.

Le paiement de cette rançon s'effectua près du repaire, non loin de Pac-Lieu. Des otages, choisis parmi les indigènes de la mission catholique, furent laissés entre les mains des pirates jusqu'à la conclusion de la délivrance des prisonnières.

Le 22 décembre Lô-Man évacua le Ma-Tao-San. Il l'avait occupé deux ans!

La reddition des prisonnières une fois opérée, une colonne fut mise en mouvement. Elle était commandée par le colonel Chapelet, secondé par le commandant Septans, sous-chef d'état-major du corps d'occupation. Son but principal était de reconnaître enfin la région montagneuse dont Lô-Man avait, si l'on peut ainsi dire, constitué son fief, et de l'occuper militairement.

Le 1er janvier 1895, la colonne Chapelet découvrait le repaire de Lô-Man. Elle n'eut même pas la satisfaction d'y mettre le feu. C'est un soin que les pirates avaient pris en l'évacuant aussitôt après le partage de la rançon. La colonne reconnut la nécessité d'occuper la région par la création de cinq postes (1), dont l'un, Ly-Quan, fut l'objet d'une démonstration hostile le 4 janvier. Une cinquantaine de Chinois franchirent la frontière dans l'intention de le surprendre. L'adjudant Bardy, qui le commandait, déjoua ce coup de main.

Ce fut le seul fait de guerre de la colonne du Ma-Tao-San. Par contre, les marches stratégiques, le choix savant des positions d'artillerie donnèrent à cette colonne une fière allure de « grandes » autant que « savantes manœuvres ». La beauté des mouvements, les salves sonores dont on salua le 1er janvier l'aurore de la nou-

---

(1) Than-Van, Paklieu, Ly-Quan, Pohen, Vaudoc.

velle année et qui firent tressaillir l'âme des forêts — ou leurs boudhas protecteurs — ne désarmèrent pas les langues malicieuses qui, pour la même raison, tout aussi valable sans doute, que nos futurs officiers donnent le nom d' « omelette » à leurs exercices topographiques, la dénommèrent la colonne « Curaçao ».

Cette promenade militaire eut cependant pour effet de préparer la sécurité du pays. On reconnut l'urgence de poursuivre les premiers travaux de reconnaissance déjà entrepris.

Le résultat fut l'envoi d'une modeste mission topographique qui parcourut la région pendant les mois de février et de mars. Trente jours lui étaient accordés pour lever un quadrilatère d'environ 50 kilomètres de côté. C'est ce qu'on pourrait appeler de la topographie galopante.

On put toutefois se rendre compte que la carte au 50.000ᵉ qui en sortit, si elle ne peut être considérée comme définitive, la précision ne s'alliant guère avec la rapidité, donna, pour la première fois, un ensemble au moins clair de la région montagneuse de Moncay.

VII

ENLÈVEMENT DE LA FAMILLE LYAUDET

Une période de tranquillité relative suivit les événements que nous avons rapportés. C'était le temps nécessaire aux Chinois de la frontière, mandarins, commerçants et pirates, pour fêter en de fraternelles agapes l'heureux dénouement de leur entreprise.

Et le gouverneur général, au début de l'année 1895, put faire cette déclaration :

« Pour résumer la situation actuelle des régions montagneuses du Tonkin, on peut affirmer, en s'appuyant sur des témoignages authentiques, qu'il n'existe plus aucune bande de pirates chinois ni dans le 1er, ni dans le 2e territoire militaire (1)..... »

Mais l'enlèvement de Mme Chaillet avait été une opération trop lucrative pour que l'on n'eût pas le désir de la renouveler. En attendant, quelques échauffourées étaient tentées sur la frontière, afin de contrarier l'installation des nouveaux postes.

Successivement, les corvées d'eau des postes

---

(1) De Lanessan, *La Colonisation française en Indo-Chine*, un volume in-12, mars 1895.

de Daï-Dong-Dien, commandées par le sergent Patoizeau, et, de Ly-Quan, par l'adjudant Bardy, subirent des attaques. La première, qui eut lieu le 5 février 1895, tourna au désavantage des assaillants. Pris entre deux convois, l'un montant, l'autre descendant, ils eurent un homme tué et quatre blessés.

Le poste de Ly-Quan, que les pirates avaient déjà essayé de surprendre le 4 janvier, reçut encore leur visite les 17 février et 18 mars. Le bilan de ces deux attaques fut : 4 tirailleurs tués, 2 blessés et 2 carabines enlevées.

Mais le principal objectif des pirates était de trouver au Tonkin un emplacement favorable pour un nouveau repaire. Dès le mois de mars, on les signala dans la région du Co-Nam-Chau, à la tête des deux vallées de Na-Than et de Daï-Kanh.

Ce sont ces deux vallées et la voie de communication qu'elles ouvrent, que les pirates allaient choisir pour y établir leur repaire.

Ainsi postés, ils avaient une communication suivie avec la région maritime et avec la Chine, et, d'autre part, il nous était impossible de leur barrer la route, la seule voie conduisant au débouché de ce couloir ayant été cédée à la Chine par l'abandon du canton de Hoan-Mô au début de l'année 1894.

Leurs incursions, peu fréquentes, restaient localisées à la région occupée, et aucune attaque ne se produisait dans la plaine.

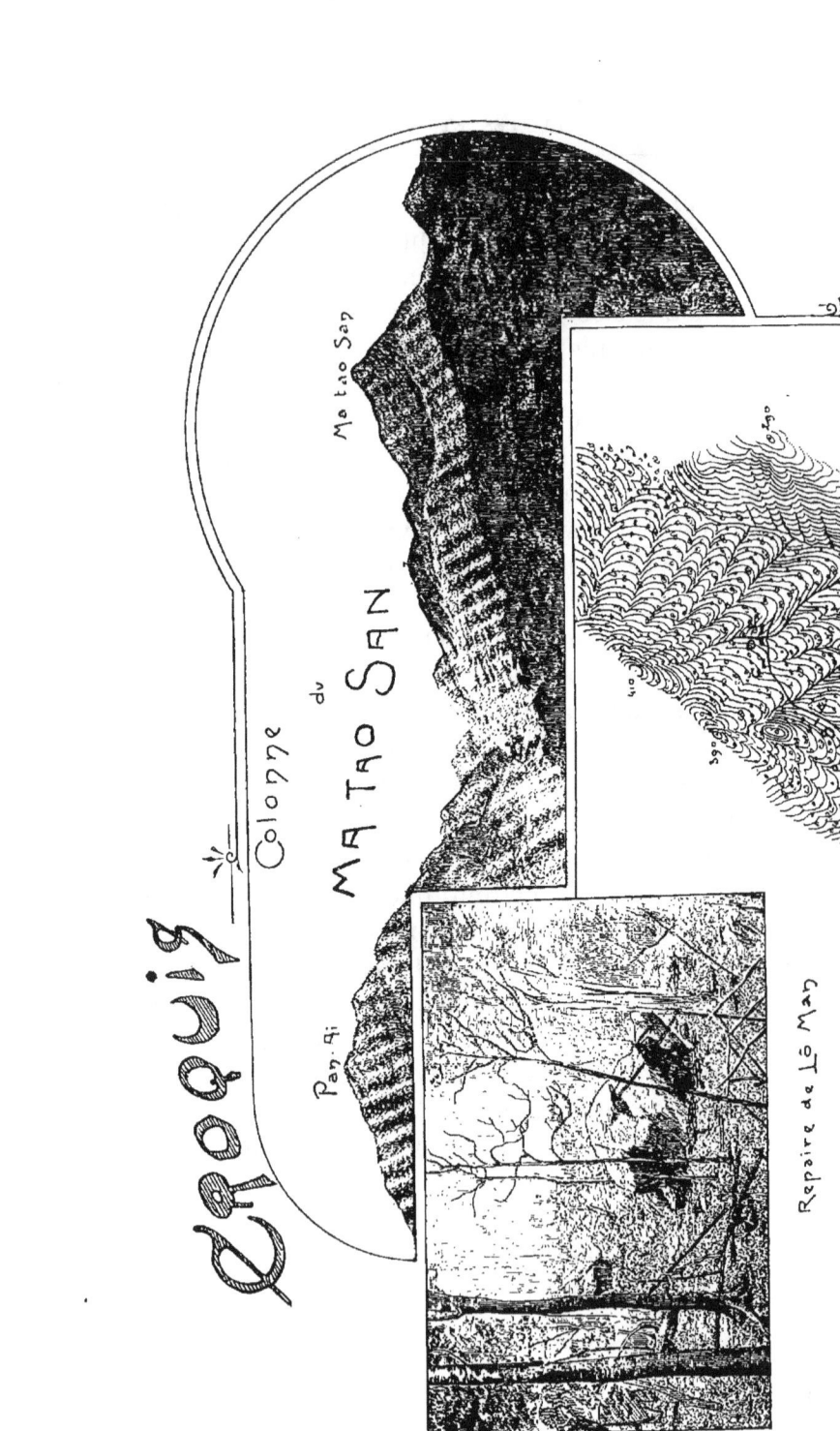

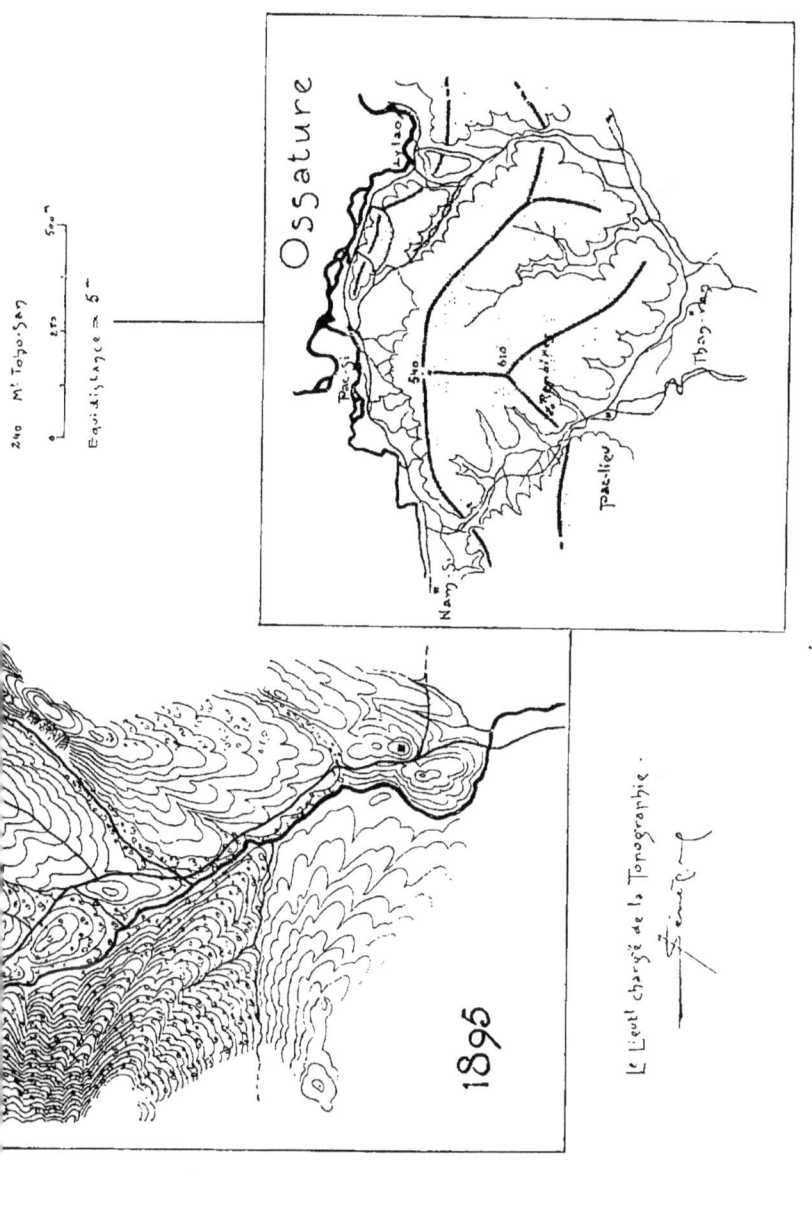

Le Lieut chargé de la Topographie.

Le 18 mars, un détachement de linhs-co chinois, envoyé dans la région signalée, les dispersa. Une partie de la bande fut surprise dans les environs de Than-Maï, par le lieutenant Vitard; l'autre fut poursuivie par le sous-lieutenant Gleizes, du poste de Than-Van.

Le 18 du mois suivant, le bruit se répandit dans Moncay que 100 pirates se trouvaient à Tong-Hin, manifestant l'intention de tenter un coup de main sur Moncay.

Ces renseignements étaient trop précis pour n'être pas intéressés. Les pirates eussent fait moins de tapage de leur présence à Tong-Hin si leur objectif avait été celui qu'on prétendait.

Notre attention ne fut d'ailleurs pas longtemps détournée du point dangereux. Dès le lendemain, une forte bande était signalée du côté de Duong-Hoa, sur la mer, en communication avec le Co-Nam-Chau. En même temps, deux jonques parties de Pak-Lan (Chine), conduites par trente pirates armés, se dirigeaient sur l'île de Kébao dans l'intention, disaient les émissaires, d'enlever le directeur de la compagnie minière.

Ce fait fut signalé à l'autorité civile de la province de Quang-Yen, dont dépend l'île de Kébao, et ces manifestations menaçantes occasionnèrent un redoublement de surveillance de la part des postes de la région. Le colonel Chaumont, qui venait de prendre le commandement du 1ᵉʳ territoire militaire, entreprit de les visiter lui-même pour leur donner ses instructions.

Le 25 avril, à son passage au blockhaus de Ly-Lao, il recevait une dépêche lui annonçant l'enlèvement, dans la nuit, de la famille Lyaudet, habitant l'île de Kébao.

On sut que les pirates avaient eu l'intention de s'emparer du directeur de la société minière au cours d'une de ses visites aux chantiers. Un sac avait même été préparé à cet effet. Ils le guettèrent pendant quarante-huit heures sans pouvoir mettre leur projet à exécution, et, en désespoir de cause, ils résolurent d'enlever la famille Lyaudet.

M. Lyaudet tenait à Port-Wallut, avec sa femme et sa jeune fille, un magasin d'approvisionnement pour le compte de la société minière.

Les deux jonques signalées le 19 avril étaient venues mouiller dans la petite baie de Port-Wallut. Afin de ne pas attirer l'attention, les pirates qu'elles contenaient se livrèrent à la pêche.

Dans la nuit du 24 au 25, vers 10 heures du soir, ils vinrent accoster au quai même de la société, sur le bord duquel se trouve la maison qu'habitait M. Lyaudet.

Quelques coups de fusil eurent raison des miliciens de garde. L'enlèvement fut facile et les pirates gagnèrent la haute mer à force de rames.

Le fil télégraphique qui reliait l'île à la côte ayant été coupé, la nouvelle du rapt fut apportée à Pointe-Pagode par la chaloupe des Messageries fluviales, qui avait fait escale à Port-Wallut vers minuit. Elle ne parvint à Moncay que vers 4 heures du matin.

Les postes côtiers envoyèrent immédiatement des reconnaissances dans les endroits où l'on présumait que devaient atterrir les pirates. De même, à l'extrême limite ouest du cercle, les troupes battirent la campagne sous les ordres du capitaine Reboul.

Une reconnaissance, commandée par le capitaine Arnoux, rencontra près de Duong-Hoa, sur le bord de la mer, une jonque vide laquelle, selon toute vraisemblance, avait servi à mener à terre la famille Lyaudet. Ce fait fut confirmé et l'on apprit que le débarquement avait eu lieu vers 7 heures du matin.

— De ce moment les traces étaient perdues.

Le 28 au soir, le colonel Chaumont reçut l'ordre de constituer immédiatement une colonne afin de reprendre les Lyaudet de vive force.

Elle se rassembla à Hacoï.

Le gouverneur général, à ce moment, M. Rousseau, comprenant la faute qu'on avait commise en rachetant les prisonniers faits par les pirates, déclara que ce mode de procéder avait vécu, et que, dorénavant, les bandes trouveraient devant elles les fusils de nos soldats au lieu de négociateurs (1).

Le lieutenant Angeli, envoyé vers l'est, ne vit rien de significatif.

Une deuxième reconnaissance, envoyée dans la vallée de Na-Than, amena la découverte d'un chemin bien frayé et de deux campements de construction récente. Un brancard cassé fut trouvé sur le terrain.

Il devenait évident que la ligne de retraite des pirates passait par le Co-Nam-Chau. En ce cas, le plan le plus simple consistait à leur couper cette retraite au débouché du massif vers la Chine.

A la tête de sa colonne, le colonel monta au poste de Bac-Phong-Sinh, sur la frontière, dans l'espoir qu'il lui serait permis d'entrer sur le territoire chinois pour aborder le Co-Nam-Chau par le nord. La seule voie qui y donne accès appartient, nous l'avons vu, à la Chine; c'est celle que nous lui avons si bénévolement octroyée par la cession du canton de Hoan-Mô (territoire contesté).

---

(1) A partir de ce moment, le colonel Chaumont sera constamment sur la brèche. Malgré son âge il partagera toutes les fatigues, toutes les souffrances qu'un climat implacable allait imposer à nos troupes pendant cinq longs mois de colonne en plein été. Il convient ici de rendre hommage à la grande bienveillance que ce chef témoigna à tous ses subordonnés au cours de cette dure campagne. Une réelle bonté s'allia en lui, dans cette fin de carrière, à une grande fermeté de caractère. Promu général en 1899, il mourut à Paris le 30 décembre 1900.

Le 3 mai, à 4 heures du matin, tout le monde était sur pied, prêt à partir. A 5 heures, arriva un télégramme qui refusait l'autorisation demandée. Une violation de territoire aurait amené des complications diplomatiques devant lesquelles on recula. Mais des ordres sévères furent, paraît-il, donnés à nos consuls pour agir sur le gouvernement chinois. Seulement, pour que ces ordres pussent être de quelque utilité, il n'eût pas fallu qu'ils se heurtassent à la complicité occulte des autorités chinoises.

Le document suivant, trouvé sur l'un des principaux lieutenants de Lô-Man, quelques semaines plus tard, va nous édifier sur ce point :

« Nous, soussignés, Duong, Ly, Chaï, Dong et On, faisons le présent acte avec la condition suivante :

» Autrefois pour faire du commerce, nous sommes venus à Kébao, où nous avons été ennuyés et maltraités par les Européens qui y sont venus et qui nous ont expulsés du territoire du Tonkin.

» Nous sommes très fâchés contre eux et nous avons arrêté un entrepreneur européen à Kébao pour nous venger et pour demander la rançon.

» Nous avons demandé *aux autorités civiles et militaires chinoises* l'autorisation de faire cet enlèvement. Elles ont accepté et les familles Dong et On nous ont aidés de leurs biens.

» Si nous réussissons, nous nous engageons à partager la rançon en dix parties.

» Deux parts seront remises aux émissaires et deux à celui qui a dirigé l'attaque. Trois seront remises aux trois chefs Duong, Ly et Chaï et à leurs hommes, *trois autres seront offertes aux mandarins civils et militaires*, et à ceux qui nous ont fourni des armes et des munitions.

» Le 12ᵉ jour du 4ᵉ mois de la 21ᵉ année de Quang-Thi (6 mai 1895) (1). »

(Signatures.)

La formation de la colonne, les mouvements de troupes, l'artillerie que l'on avait fait venir de Moncay déroutèrent quelque peu les pirates. Ils étaient habitués à plus de mansuétude.

---

(1) Ce document fut trouvé sur le chef Ly-a-Cap, lieutenant de Lô-Man, tué dans une embuscade, au cours des opérations. La façon dont fut pris ce chef mérite d'être racontée. Le lieutenant Laulhier, chancelier du cercle, qui concentrait le service des renseignements du territoire à Moncay, en l'absence du colonel, apprit par ses émissaires que Ly-a-Cap était à Tong-Hing, où il conférait avec le mandarin tout en réunissant des subsides et des vivres pour la bande. Le lieutenant-chancelier, qui ne savait que trop l'inanité de nos démarches auprès des mandarins pour se faire livrer les pirates signalés sur leur territoire, prit le parti de capturer Ly-a-Cap, sans plus de formes, à sa sortie de Tong-Hing. Il alla s'embusquer, en Chine, sur la route mandarine qui suit la frontière. Il savait que sur cette route, parfaitement libre pour sa bande, Ly-à-Cap voyageait sans la moindre inquiétude. Les Français ne poussaient-ils pas la longanimité et le respect du territoire étranger jusqu'à ne pas répondre aux salves qui partaient de la rive chinoise pour atteindre leurs troupes?

À son passage, Ly-à-Cap fut cueilli sans bruit et immédiatement décapité. Le mandarin de Tong-Hing, dont la conscience n'était pas à l'aise, feignit toujours d'ignorer cette violation de territoire.

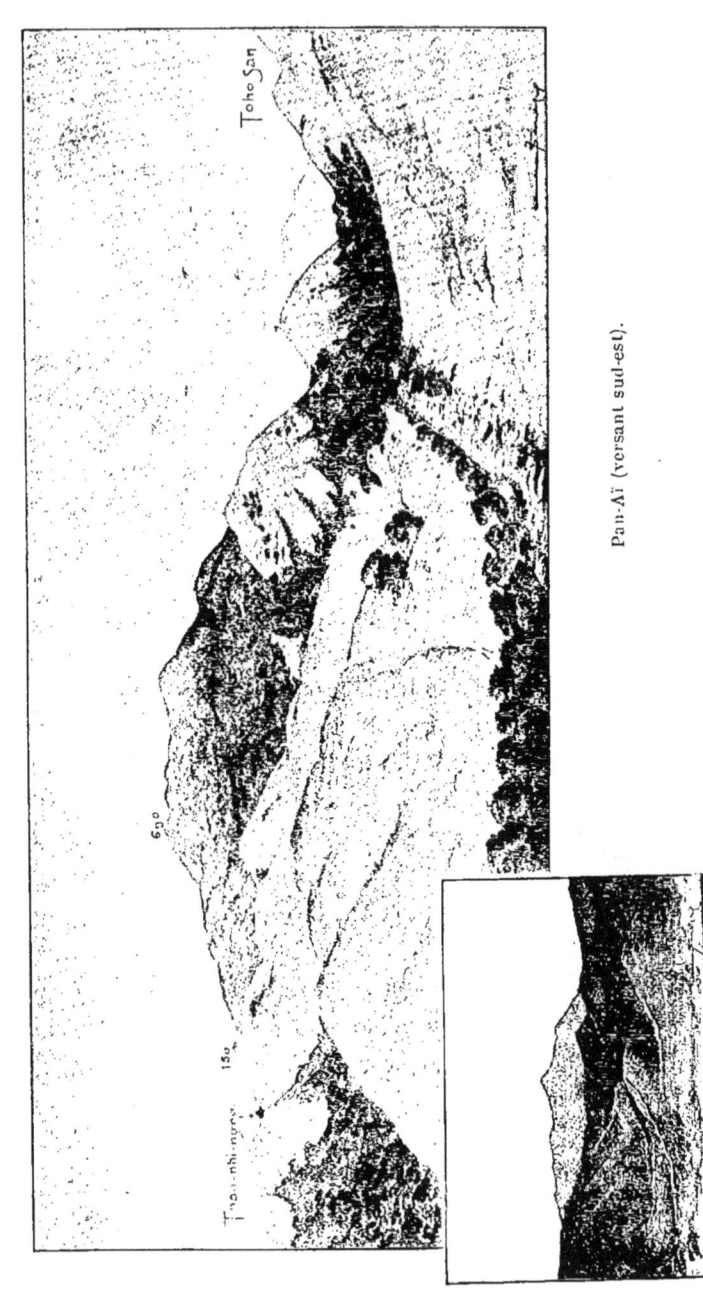

Pan-Aï (versant sud-est).

Le Ma-Tao-San (versant sud).

L'inquiétude qui se manifesta chez eux se traduisit aussitôt par leur passage en Chine, et la troupe envoyée dans le Co-Nam-Chau, le 6 mai, ne put que constater leur exode.

Dans le repaire, dont la construction paraissait remonter à deux mois, il fut trouvé un soulier de bains de mer et le haut d'un tablier d'enfant taché de sang, objets qui furent plus tard reconnus comme appartenant à la famille Lyaudet; plus, deux lettres relatives au ravitaillement et à une demande de fusils, signées : Lao-Sam.

Les renseignements recueillis, les indices observés, les traces relevées au cours des reconnaissances effectuées, permirent de reconstituer l'itinéraire suivi par la bande qui amenait en Chine la famille Lyaudet.

Les pirates débarqués, comme on sait, près de Duong-Hoa, avaient dû prendre la route de Cao-Linh. Là, ils s'étaient engagés — probablement le 26 avril — dans la vallée de Na-Than, où ils avaient passé la nuit au village, protégés en avant et en arrière par deux campements dont les emplacements furent découverts. De Na-Than, la bande était venue occuper le repaire du Co-Nam-Chau, puis, le 1er ou le 2 mai elle entrait en Chine par Nalaï.

VIII

OPÉRATIONS PRÉLIMINAIRES

La famille Lyaudet, amenée en Chine où elle était à l'abri de nos poursuites, il devenait nécessaire de faire croire à sa présence au Tonkin afin d'éviter des représailles et des complications diplomatiques. Aussi, durant la première quinzaine de mai, les pirates se montrèrent-ils ostensiblement à nos postes frontières, par petites troupes tiraillant de loin.

Le 6 mai, une démonstration fut faite en plein jour contre Pak-Lieu, un des nouveaux postes du Ma-Tao-San. Les pirates, embusqués derrière la crête qui domine ce poste à environ 800 mètres, exécutèrent pendant plusieurs heures des feux d'ailleurs sans résultat.

Contrairement à leur habitude, ils n'avaient d'autre but que de se montrer.

D'autres faibles détachements vinrent tirailler sur les blockhaus de la frontière. C'était de la pure fantasmagorie.

Les lieutenants Coulais et Brès furent envoyés avec des soldats européens, dont l'armement permet le tir à longue portée, pour donner la chasse à ces groupes qui s'enfuyaient dès les premières salves.

D'autre part, deux reconnaissances explorèrent le Ma-Tao-San les 11 et 12 mai. Elles visitèrent les anciens repaires, sans y rien rencontrer, et rentrèrent à Pac-Si, ayant seulement aperçu de loin quelques-uns des petits détachements qui erraient dans la région.

Les recherches exécutées dans le massif du Pan-Aï furent plus heureuses.

Les reconnaissances, après s'être portées sur la position occupée par les pirates lors de l'attaque du poste de Pak-Lieu, en suivant les traces encore visibles de l'herbe foulée aux pieds, découvrirent plusieurs campements établis sur le versant sud-est du massif.

Les abris en furent détruits.

Il ressortait de ces découvertes et des renseignements recueillis que le gros des pirates, venu de Chine dans les premiers jours de mai avec l'intention de s'établir dans l'un des massifs bordant le fleuve frontière, avait repassé la frontière dans la nuit du 15 au 16.

La cause de ce déplacement était que les chefs avaient besoin de se concerter. Depuis un mois que la famille Lyaudet avait été enlevée, il n'avait pas été question de négociations ; Lô-Man et ses bandes avaient seulement vu nos troupes à leur poursuite. Leurs simulacres de démonstrations n'avaient trompé personne et les mandarins civils et militaires de la frontière, inquiets de la tournure que prenaient les événements, avaient besoin de conférer avec les chefs de bande pour parer aux suites d'une situation qu'ils n'avaient pas prévue.

Le Co-Nam-Chau ne pouvait actuellement leur servir de repaire en raison des difficultés que présentait son ravitaillement, et de son éloignement de leurs principaux centres, Than-San (1) et Na-Luong.

Le pied-à-terre indispensable leur faisait défaut.

Le Ma-Tao-San était connu de nous. Ils craignaient de s'y installer à nouveau. A côté, le Pan-Aï remplissait les mêmes conditions : proximité de la Chine et facilité de ravitaillement. Ces deux massifs se touchent d'ailleurs, ils ne sont séparés que par une rivière guéable.

Aucune reconnaissance n'avait encore tenté la pénétration de ce dernier massif. On avait été sans doute arrêté par les difficultés naturelles qu'il présente et qui faisaient présumer qu'aucune bande ne pourrait s'y installer. Ce fut pourtant sur cette position que les pirates jetèrent leur dévolu.

Afin de mieux réussir dans leur projet, ils firent courir le bruit, dans les premiers jours de juin, qu'ils allaient réoccuper le Co-Nam-Chau.

Pour en avoir le cœur net, autant que pour

---

(1) Than-San, sur le Kalong-Ho, en face du blockhaus de Nam-Si. Gîte d'étapes des pirates qui attendaient la nuit dans ce village pour traverser la frontière. Lô-Man était possesseur des plus belles fermes de ce village.

frapper l'esprit des mandarins, le colonel Chaumont résolut de prendre à revers la position en l'abordant par le territoire chinois.

Comprenant que s'il devait se munir au préalable d'une autorisation règulière, il l'attendrait longtemps de la lente diplomatie chinoise, il ajouta à sa demande d'autorisation au préfet de Phong-Sinh que ne doutant pas de la bonne volonté du mandarin à nous venir en aide, et assuré de son assentiment, il exécuterait son mouvement quelques heures après l'envoi de son télégramme.

Ce n'est pas là le moindre trait de l'esprit d'énergie que manifesta le colonel Chaumont au cours de cette campagne. Il risquait, en effet, d'être sévèrement blâmé par le gouvernement, qu'il ne voulut même pas consulter pour ne pas le mettre en fâcheuse posture. Le cas était grave, mais les circonstances étaient impérieuses.

La troupe, forte de 190 fusils, fut placée sous le commandement du lieutenant Ollivier-Henry, officier de renseignements du cercle. Elle passa silencieuse et sans être troublée au pied du poste chinois de Bac-Phong-Sinh. Le soir même elle arrivait à hauteur de la voie d'accès qui pénètre au Co-Nam-Chau. Là elle prit ses dispositions de bivouac. Cependant le mandarin qui commandait le poste voisin de Na-Laï s'émut de l'arrivée de la troupe française et, par l'un de ses officiers, il intima l'ordre à son chef de regagner le territoire annamite. Le lieutenant Ollivier-Henry se montra fort étonné de ce que le poste chinois n'ait pas été prévenu de son arrivée par le sous-préfet de Phong-Sinh et fort courtoisement il invita le mandarin à honorer de sa présence son modeste dîner. L'invitation fut déclinée.

La nuit se passa sans incidents, le service de garde de la petite troupe renforcé d'un cordon de sentinelles chinoises.

Le lendemain, le Co-Nam-Chau fut exploré sans résultat. La reconnaissance vint gîter à son bivouac de la veille. Au point du jour, la situation sembla pleine de périls. Le col à franchir était barré par le poste chinois.

Le lieutenant Ollivier-Henry avait sollicité dès la veille l'autorisation de passer. Celle-ci refusée, il avait déclaré nettement qu'il passerait et qu'au premier obstacle il prendrait le fort d'assaut. Drapeau français déployé — une loque hâtivement faite de turbans et de mouchoirs — la troupe française s'avança, ses officiers en tête. Les crêtes qui s'étendaient à droite et à gauche du col étaient garnies de réguliers chinois. Dans le grand silence qui couvrait l'heure matinale, ce fut une belle parade. Au col, le lieutenant commandant la reconnaissance salua le mandarin, lui fit face, et, entre eux, défila la colonne française.

Le dernier homme passé, le lieutenant Ollivier-Henry ferma la marche. Et, sans être inquiétée, la colonne dévala la pente qui conduit à Truong-Nhi, dernier poste chinois.

Celui-ci fut trouvé vide de sa garnison. Affolée, elle avait pris la fuite. Il ne restait plus qu'un mandarin à l'allure pacifique, quelques paysans non armés et un partisan de haute taille, dont les yeux vifs observaient attentivement les officiers français. Tous conversèrent l'instant que la troupe s'écoulait au bas de la colline. L'entretien terminé, le lieutenant apprenait que le partisan grand et sec, à la figure énergique et intelligente, était Lô-Man.

Lô-Man, le chef de la bande du Pan-Aï ! L'occasion était belle. Le lieutenant Ollivier-Henry redoutant les suites d'un attentat commis en territoire chinois, et surtout incertain de la vraie personnalité du partisan, s'éloigna pacifiquement. Peut-être regretta-t-il plus tard de n'avoir pas mis la main au collet du redoutable chef.

Le lendemain, la reconnaissance était de retour au poste de Bac-Phong-Sinh. En même temps arrivait la réponse affirmative du sous-préfet de Phong-Sinh...

Les renseignements qui donnaient le massif du Pan-Aï comme la région où les bandes détenant la famille Lyaudet allaient se fixer de préférence, se précisaient de plus en plus. Le lieutenant Vitart, dans une de ses reconnaissances, avait aperçu de la fumée qui s'échappait au loin du sommet le plus élevé de ce massif.

Poursuivant sa route, il avait découvert sur le

versant nord des traces témoignant d'un récent passage. Surpris par une pluie battante et la nuit arrivant, il fut arrêté dans ses investigations.

Informé de ces faits, le colonel Chaumont prescrivit une battue générale du Pan-Aï. Le lieutenant Vitart devait l'escalader en suivant la crête orientale, tandis qu'un second détachement avait mission d'y accéder par la crête occidentale. Pendant ce temps, le lieutenant Alla (1), se tenant sur un des contreforts nord du massif, le Mai-Luu-Lanh, surveillerait le versant sud et la ligne de communication des pirates avec la Chine.

L'opération devait s'exécuter le 4 juin, à la première heure. Le 3, les différentes troupes qui allaient y concourir gagnèrent leurs emplacements de départ. Ce même jour, le colonel Chaumont avait prescrit au poste de Than-Van de faire une pointe vers l'endroit signalé, en évitant autant que possible de se laisser apercevoir et surtout de s'engager.

Le 3 juin, au matin, cette première reconnaissance, sous le commandement des sous-lieutenants Mène et Gleizes, s'avança par la crête de l'est. Très habilement, après des prodiges d'équilibre et d'adresse, elle parvint à la cote 690, le point culminant du massif, sans avoir été aperçue.

---

(1) Décédé le 21 janvier 1902 à Tien-Tsin.

Les pirates se trouvaient à 80 mètres environ en contre-bas, occupés à construire leurs abris, à débroussailler, en un mot à installer leur repaire sur une vaste plate-forme, dont la cote 690 constitue la clef.

Le feu fut immédiatement ouvert; mais, loin de fuir, les pirates sautèrent sur leurs fusils et, embusqués derrière les nombreux rochers qui parsèment la position, ils tinrent tête à nos troupes.

Celles-ci, dans l'impossibilité de s'étendre à cause de l'exiguïté de la crête, ne purent exécuter que des feux absolument inefficaces contre un ennemi bien abrité.

Il y avait deux heures que durait le feu, lorsque le sous-lieutenant Gleizes tomba, frappé d'une balle au cœur.

En présence de cet événement, et devant le corps de son camarade de promotion étendu à ses pieds, le sous-lieutenant Mène organisa la retraite. Elle fut pénible, les pirates poursuivant les nôtres de position en position, et le transport du cadavre du sous-lieutenant Gleizes retardant la marche.

Commencée vers 10 heures du matin, la fusillade avait été entendue à Bac-Phong-Sinh, où se trouvait le colonel avec le gros des troupes. Le détachement qui devait opérer le lendemain par l'ouest se rendit aussitôt au poste de Pohen. Il y arriva vers 2 heures.

La fusillade se continuant, il se porta au Maï-

Luu-Lanh, au nord du massif, pendant que le lieutenant Angéli, du poste de Pohen, se portait sur la crête ouest, prêt à toute éventualité.

De son côté, le lieutenant Vitart, déjà à Pak-Lieu, se doutant, à l'intensité des feux, qu'il se passait quelque chose d'anormal, se porta rapidement au secours de la reconnaissance Mène. Ces mouvements arrêtèrent la poursuite des pirates. La fusillade cessa et les différentes fractions regagnèrent à la nuit leurs postes respectifs.

Ce fut une opération malheureuse. Elle empêcha celle du lendemain au cours de laquelle les pirates eussent été probablement surpris de la même façon, mais cette fois de plusieurs côtés en même temps. La fatigue des troupes, l'éveil donné, tout commandait, à l'heure présente, d'éviter un nouvel engagement.

Le succès des pirates était tel que, à ce que les émissaires rapportèrent, ils furent persuadés qu'après deux ou trois tentatives infructueuses comme celle du 3, et désespérant de les déloger de leurs positions, nous les laisserions tranquillement maîtres du Pan-Aï. Aussi y conduisirent-ils leurs prisonniers.

En fait, un moment d'arrêt se produisit dans les opérations militaires. La raison en était que, comme au Ma-Tao-San, comme pendant la fuite en Chine des bandes qui emmenaient leurs prisonniers, nous étions arrêtés par l'ignorance dans laquelle nous nous trouvions du terrain, de ses voies d'accès.

Il est à remarquer que chaque fois qu'un repaire a été évacué après des opérations sérieuses — car il ne faut pas entendre par repaire évacué, un abandon momentané des pirates souvent occasionné par une reconnaissance devant l'effectif de laquelle ils n'osent se mesurer — ils ne s'y réinstallent jamais, rendant ainsi inutiles les efforts qui en ont amené la prise.

Ils choisissent une autre région parmi celles qui sont inexplorées et y reconquièrent immédiatement leur supériorité. La connaissance qu'ils ont des lieux, depuis les chefs jusqu'au dernier des hommes, est le principal facteur du succès de leurs entreprises, de même que son ignorance est pour nous la pierre d'achoppement contre laquelle viennent se heurter nos efforts les plus énergiques.

La connaissance du pays où l'on est appelé à opérer est une nécessité d'une importance capitale. Elle n'apparaît malheureusement pas assez aux yeux de beaucoup d'officiers qui ne se doutent pas du précieux concours qu'elle leur apporterait. Sans elle, une opération, si heureuse soit-elle, ne peut donner des résultats positifs. Heureux même qu'elle n'aboutisse pas à un échec.

Avec des données précises, par contre, un plan peut être immédiatement élaboré pour donner la chasse aux pirates par une ou plusieurs colonnes volantes. Ces colonnes, outre l'avantage qu'elles ont de comprendre un effectif restreint et de permettre les surprises, ont aussi celui de combattre une bande non encore organisée, n'ayant pas eu le temps de choisir ses positions avancées, ni de se fortifier. Au contraire, une grosse colonne, outre les inconvénients et les charges qu'elle entraîne, indique aux pirates, grâce aux reconnaissances que nécessite sa préparation, les points faibles de la position qu'ils occupent, qui sont aussitôt occupés, et pour la reprise desquels des pertes et de grands sacrifices sont à prévoir.

L'installation d'un repaire suit une marche progressive. D'abord, c'est une fraction minime de la bande qui arrive, puis le reste suit, au fur et à mesure de l'avancement des travaux et des moyens de ravitaillement et de défense qui augmentent chaque jour.

L'action immédiate a donc d'autant plus de chances de succès que l'on se trouve en face d'une force réduite et, en tout cas, d'un ennemi n'ayant pas eu le temps de se fortifier. Son principal résultat est d'empêcher le noyau des forces adverses de prendre pied, et tout est là.

En effet, ce n'est pas tout que d'enlever des Européens : il faut encore les mettre à l'abri, aussi bien de nos tentatives pour les reprendre que de celles des bandes dissidentes, dans un repaire judicieusement choisi et fortement établi.

Ces repaires doivent être forcément en territoire tonkinois; car, si la Chine peut offrir un refuge momentané aux ravisseurs, elle ne peut tolérer la présence sur son territoire de prisonniers européens sans s'exposer à une action diplomatique grosse de conséquences.

Or, pour entraver ces projets d'installation, il faut savoir les prévenir. Cela n'est possible qu'à la condition de connaître parfaitement les régions dans lesquelles les pirates vont se réfugier.

Depuis le mois de janvier un grand pas avait été fait dans cette voie. Le colonel Chaumont se promettait de continuer ce qui avait été commencé. Il se proposait de faire établir des « cahiers topographiques » relatant tous les renseignements que les reconnaissances antérieures avaient rapportés, au double point de vue de la description des lieux et de leur utilisation par les pirates.

Sans résoudre toutes les difficultés, ces cahiers, véritables guides de chaque région, devaient épargner, à tout officier pourvu d'un commandement, bien des incertitudes et des tâtonnements.

Ils avaient, en outre, l'avantage de permettre aux nouveaux venus de profiter des résultats acquis, en leur donnant, dès leur arrivée, des notions plus ou moins complètes sur le pays qu'ils auraient à parcourir eux-mêmes et dont la défense leur serait confiée.

IX

RECONNAISSANCE DU MASSIF PAN-AI

Durant les mois de juin et de juillet nos troupes furent constamment sur pied. Pendant le jour des détachements de soldats européens étaient envoyés sur des hauteurs d'où il leur était facile, avec leurs armes à longue portée, d'exécuter des feux efficaces sur les positions ennemies.

La nuit on tendait des embuscades, principalement aux gués et aux carrefours que l'on présumait être les principaux points de passage des ravitailleurs. Quelques-unes réussirent, et nos soldats, aux aguets sur le Kalong-Ho, ne se firent aucun scrupule de poursuivre de leurs feux, jusque sur le territoire chinois, les détachements ennemis qu'ils surprirent traversant le fleuve.

Than-San, le foyer de la piraterie sur la frontière, brûla une belle nuit comme par enchantement. La plus grande partie du village fut détruite. Cet accident, sinon prémédité, au moins souhaité par nous, consterna quelque peu nos bons amis de la rive gauche.

Le temps des représailles semblait venu. La morgue des Chinois s'en atténuait d'autant.

D'autres faits graves venaient encore ajouter au trouble et à l'émoi des autorités chinoises. La contre-piraterie semblait organisée. Des bandes venues de la région tonkinoise répondaient à un pillage commis sur le territoire annamite par un même forfait perpétré en Chine en un point symétrique par rapport à la frontière.

Ces attentats furent signalés au colonel commandant le territoire.

Jadis une pareille accusation mettait sur pied toutes les forces policières du cercle jusqu'à la capture des coupables. Le colonel Chaumont fit sortir des archives où elles sommeillaient les nombreuses réponses pleines de promesses, autrefois faites, en des circonstances analogues, par le sous-préfet de Phong-Sinh à nos demandes d'enquête et de châtiment. Elles servirent d'original au lettré de la chancellerie pour les réponses à faire au mandarin chinois. Et les promesses du colonel eurent le sort de celles du mandarin. Celui-ci ne s'y méprit pas longtemps. Dans une entrevue mémorable qui eut lieu à Moncay entre le colonel assisté de ses officiers et le préfet de Ham-Chau, accompagné du sous-préfet de Phong-Sinh et du général Phau, commandant les forces de la frontière, la question fut mise sur le tapis. Le colonel Chaumont répondit que ne pas mettre les exactions commises en Chine au compte des mêmes pirates qui opéraient sur notre territoire, c'était avouer implicitement que ceux-ci accordaient aux villages de la Chine une immunité qui faisait présager leur complicité.

Dans ce cas, et alors même qu'il serait prouvé que les derniers méfaits avaient pour auteurs des habitants du Tonkin, il y avait réciprocité de brigandage et c'était à ceux qui avaient commencé à cesser les premiers leurs incursions et leurs vols.

La parade à ce coup droit n'était guère possible, et, malgré leur adresse de race dans les joutes diplomatiques, les mandarins abandonnèrent ce terrain dangereux.

Le colonel Chaumont ne termina pas cet entretien sans rappeler à ses auditeurs l'attentat commis quelques semaines auparavant par des réguliers du fort de Tong-Hing sur un capitaine français, d'une rive à l'autre du fleuve frontière. Il leur fit entendre que de pareils actes ne se renouvelleraient pas sous peine de sanglantes représailles, et cela, dans des termes tels, que l'interprète chinois hésita à traduire ses paroles.

C'était donner le coup de la mort à la piraterie mandarinale. En même temps allait s'éteindre au Pan-Aï la piraterie populaire et commerciale.

Le ravitaillement du Pan-Aï se faisait difficile et devenait de plus en plus dangereux. Ce n'était plus la marche quiète des coolies, porteurs de munitions, à travers la plaine sans mystère et sans danger de Nam-Si; ce n'était plus le défilé paisible des femmes chargées de vivres, longues théories se développant à travers les sentiers sinueux des rives du Kalong-Ho. Des embuscades françaises se tendaient, silencieuses et sinistres, et, malgré que le poste chinois de Tan-San fût là, sentinelle vigilante et secourable, pour les éventer, l'âme des pirates, jusque-là si tranquille, n'en était pas moins envahie de la crainte de tomber dans l'un de ces pièges. Les convois se firent rares. Pour plus de sûreté, lorsque l'un d'eux devait passer la frontière, des détachements occupaient les principales hauteurs commandant le chemin qu'il devait parcourir. Les pirates étaient sur les dents. Ils se trouvaient enserrés dans cette alternative de rendre la famille Lyaudet ou de lutter jusqu'au bout. La rançon, ils ne l'espéraient plus guère. Ils mettaient leur suprême espoir dans la force de leurs positions, qu'ils jugeaient imprenables. Et ils ajoutaient aux obstacles naturels que présentait déjà le Pan-Aï tout ce que leur science de la guerre défensive leur suggérait.

Cependant, ces petites opérations de la guerre ne faisaient pas perdre de vue l'objectif principal, c'est-à-dire la reconnaissance des positions et des forces des pirates, en vue de la colonne dont la formation avait été décidée pour en finir avec la bande de Lô-Man et opérer la délivrance des Lyaudet.

Cette étude générale du massif fut exécutée par de fortes reconnaissances, dont l'une des plus importantes fut celle du 8 juillet.

Trois groupes furent formés :

Les deux premiers, aux ordres des capitaines Geschwind (1) et Marchaisse, devaient, en s'avançant par le nord et le sud, faciliter la reconnaissance d'exploration exécutée par un troisième groupe fort de 100 fusils s'avançant par la crête ouest.

Ce groupe réussit à s'approcher, sans être éventé, à 300 mètres des premières positions ennemies. Il allait se retirer, le but de sa mission terminé, lorsque quelques tirailleurs, en se relevant, se laissent apercevoir par la sentinelle d'un fortin.

Les pirates, prévenus, tournent les forces qu'ils ont en ligne vers le sommet occupé par nos soldats et exécutent sur eux un feu roulant des plus vifs.

Le lieutenant commandant la reconnaissance avait reçu l'ordre formel de ne pas s'engager. Faire face en arrière, c'était s'exposer à une poursuite qui, à moins de 400 mètres des lignes ennemies, aurait pu être dangereuse.

L'ordre est alors donné de répondre au feu.

En quelques minutes, 1.500 cartouches sont brûlées.

Un renfort d'une quinzaine de Chinois, qui veut gagner le fortin, fait demi-tour à la débandade.

Le poste ne répond plus.

---

(1) Décédé le 31 octobre 1899.

Les tirailleurs chinois (1) qui formaient l'avant-garde de la reconnaissance gagnent du terrain et veulent s'élancer sur le fortin, les hommes de tête bien placés ayant vu quelques pirates l'abandonner.

La prudence prescrivait de ne pas se laisser gagner par ce premier succès ; mais, plutôt, de tirer profit du temps que les pirates mettraient à se reprendre, pour se retirer sans être inquiété. La mission de la reconnaissance était d'ailleurs remplie, et au delà, puisqu'elle était parvenue jusqu'à 300 mètres des positions ennemies, alors qu'elle avait l'ordre de s'arrêter à 600 mètres.

Les fractions de soutien, et plus tard les émissaires qui rapportèrent de Chine les renseignements sur les incidents de cette journée, confirmèrent que les pirates, pris de panique en voyant surgir une troupe aussi près d'eux, avaient abandonné précipitamment le fortin.

La prise était donc des plus faciles. Elle faisait tomber toutes les autres positions, comme on put s'en rendre compte le jour où le repaire fut enlevé de vive force.

Ces faits viennent appuyer ce que nous avons dit de l'action immédiate qui devrait toujours

---

(1) Un corps de tirailleurs chinois avait été formé à Moncay, sous le nom de *linhs-co*. Leur mobilité, leur endurance à la marche, leur connaissance du pays et, en général, leurs qualités militaires supérieures à celles des Tonkinois, en firent pour nous de précieux auxiliaires.

suivre les incursions de bandes sur notre territoire.

De même si, le 3 juin, la reconnaissance du sous-lieutenant Mène, au lieu de battre en retraite après la mort du sous-lieutenant Gleizes, s'était accrochée au 690, ce qu'elle pouvait faire, puisque l'avantage du terrain dominant lui assurait sa ligne de communication avec le poste de Pack-Lieu, les pirates n'auraient jamais pu s'installer au Pan-Aï.

Mais il eût fallu aussi laisser plus d'initiative à nos officiers. Or, en tant que qualité militaire, l'initiative était plus que méconnue au Tonkin : elle y était condamnée.

Elle l'était par la perspective que toute opération non ordonnée, quel qu'en soit le résultat, serait désapprouvée, s'il y avait mort d'homme, ou si l'on avait seulement à déplorer que quelques-uns soient blessés.

Un *tolle* général s'élevait contre l'infortuné qui s'était lancé dans cette aventure et le moins qui lui arrivait était une sévère réprimande accompagnée d'un brevet d'incapacité.

La conséquence était que l'on ne marchait plus sans des ordres précis et formels. En ce cas, l'officier chargé d'exécuter une opération savait qu'il était couvert en exécutant ces ordres à la lettre.

Quoi qu'il arrivât, le subordonné s'en tirait toujours, brillamment s'il avait réussi, avec les circonstances atténuantes les plus favorables s'il avait échoué. Il était naturel qu'en présence d'un échec celui qui avait ordonné l'opération ne pouvait que pallier les malheureux effets d'une affaire dont il était en partie responsable.

Mais il peut arriver aussi, comme dans les cas ci-dessus relatés, que, malgré des ordres aussi précis, aussi clairs, aussi complets qu'on le suppose, des circonstances imprévues interviennent.

Un jour, Clausevitz interrompit un de ses élèves de l'Ecole de guerre qui commençait ainsi un ordre de mouvement sur un thème tactique :

« Trois cas seulement peuvent se présenter.....

— C'est toujours la même chose, riposta le maître; il n'y a jamais que trois cas possibles; mais, quand toutes les dispositions sont prises en conséquence, c'est toujours un quatrième qui se produit. »

L'initiative est la réserve qui prévoit, qui pare à ce quatrième cas si fréquent, qui déroute l'officier exécutant à la lettre les ordres qu'il a reçus.

Sans doute on a raison de modérer l'ardeur, « l'emballement » de jeunes officiers, dont la bravoure, la témérité inhérentes à l'âge et au sang gaulois qui coule dans leurs veines, leur font oublier qu'ils sont responsables de l'issue de l'affaire qu'ils ont engagée et aussi qu'ils ont charge d'existences. D'ailleurs la bravoure chevaleresque n'est pas de mise contre un adversaire que n'anime aucun sentiment généreux.

MASSIF DU PAN-AÏ

LEVÉ À VUE

LÉGENDE

- A Repaire
- B Fortin
- C Roche Casigui
- 690 Point fortifié
- D Anciens repaires marqués
- Repaires du Maitre-Son 1894
- ■ Postes ou blockhaus
- ⚑ Postes chinois

Juillet 1895

La témérité conduit aux conceptions imprévoyantes et, partant, à une exécution imprudente.

Mais il ne manque pas, dans nos cadres coloniaux, d'officiers qui, bien que jeunes également, ont acquis une expérience suffisante pour leur permettre de mesurer leur audace, leur vaillance au cas que l'on doit faire de bandits, passés maîtres en l'art d'attirer dans des traquenards et des coupe-gorge.

Se prévaloir de quelques affaires engagées imprudemment pour entraver toute initiative, c'est empêcher la contre-guérilla, seule tactique efficace contre les pirates du Haut-Tonkin. Harceler sans relâche, avec une troupe mobile et bien entraînée, l'ennemi, dès que sa présence est signalée sur le territoire du Tonkin, le suivre à la piste, gêner son ravitaillement, obligerait le pirate chinois à abandonner un métier qui ne lui rapporterait que des dangers et des privations.

Cette tutelle étroite a encore un inconvénient : c'est d'annihiler, dans une certaine mesure, chez un jeune officier, les résultats qu'il pourrait retirer d'un séjour au Tonkin, au point de vue de son éducation militaire.

Les difficultés morales et physiques, en l'existence d'imprévu et d'aventures que mène au Tonkin l'officier subalterne, ne peuvent que former le courage moral et éprouver le courage physique, ces « deux qualités les plus essentielles pour un chef », a dit Jomini.

*
* *

La période de préparation touchait à sa fin. Le lieutenant Didio, de l'artillerie de marine, était allé — 13-14 juillet — reconnaître les positions signalées comme les plus propices à l'action de l'artillerie. Il les avait jugées favorables.

La carte du Pan-Aï, fruit de toutes les reconnaissances, était terminée. Plusieurs vues pittoresques avaient été exécutées des principales hauteurs qui purent être atteintes et d'où l'on pouvait le plus distinctement voir le terrain, en juger les grandes lignes.

L'ensemble ainsi obtenu donnait une idée claire des principaux mouvements du sol, utiles aux opérations qui devaient suivre.

Le massif du Pan-Aï se compose d'un bloc dont l'arête, en forme de dos de poisson, s'étend du sud-ouest au nord-est.

C'est le Pan-Aï proprement dit.

Les positions ennemies en occupaient les points culminants (690 et 635).

Au nord et au sud de ce bloc, et dans une direction parallèle, s'élèvent deux avant-chaînes offrant, en leur point le plus élevé, le Maï-Luu-Lanh et le Thap-Nhi-Ngha, deux positions donnant des vues sur les deux versants du Pan-Aï.

Ces deux mouvements de terrain, distincts du massif principal au point de vue des formes et de l'aspect du terrain, s'y rattachent cependant, le premier par le col du Ballon, facilement accessible, le second par une dépression couverte de bois, difficilement praticable.

Enfin, les deux rivières arrosant l'une Pohen et l'autre Pak-Lieu, limitent le massif à l'ouest et à l'est.

La caractéristique du massif est une nature sauvage, des pentes escarpées, rocheuses et boisées, murailles à pic défiant l'escalade.

Le terrain est en partie coupé par des ravines profondes formant autant de précipices.

On conçoit facilement le parti qu'un ennemi hardi et décidé pouvait tirer d'une pareille position, et les difficultés que devait rencontrer un assaillant, surtout si l'on ajoute qu'il n'existait à l'intérieur aucun chemin ni sentier, mais seulement quelques traces laissées par le passage des pirates.

Le plan d'attaque ressortant de l'étude du terrain était le suivant :

L'accès des positions ennemies ne pouvait être tenté qu'en suivant la grande crête; deux colonnes devaient s'avancer, l'une par l'est, l'autre par l'ouest, pour enlever : la première, le fortin 635, et la seconde, le 690.

L'artillerie devait préparer l'action en se plaçant au Maï-Luu-Lanh et au Thap-Nhi-Ngha, sur une direction perpendiculaire à celle de l'attaque. Ces deux dernières positions devaient aussi être utilisées comme emplacement de troupes d'observation; celle du Maï-Luu-Lanh surveillant et barrant la ligne de retraite des pirates.

Au point de vue de l'ennemi à combattre, nous nous trouvions en présence d'une bande fortement organisée, commandée par des chefs qui, depuis deux ans, n'avaient pas connu la défaite et qui jouissaient sur la frontière d'une influence prépondérante.

Tous les villages limitrophes escomptant déjà la rançon qui, selon eux, ne pouvait manquer d'être payée pour délivrer la famille Lyaudet, avaient ouvert aux chefs un crédit illimité pour le ravitaillement de leurs hommes.

Ceux-ci, venus nombreux, attirés par l'appât d'une forte somme à valoir sur la rançon, avaient pu être choisis parmi les plus aguerris. Chacun avait ainsi un intérêt puissant à la réussite de l'opération.

Pour les chefs la défaite devait être, en plus, la ruine de leur crédit, de leur influence auprès des mandarins de la frontière et peut-être l'obligation de quitter le pays.

X

**RASSEMBLEMENT DES TROUPES DE RENFORT
FORMATION DES COLONNES. — DÉPART DE MONCAY**

Le plan élaboré par l'Etat-major, à Hanoï, et qui fut suivi, différa quelque peu de celui qui avait été déterminé par l'étude du terrain.

Reprendre *manu militari* la famille Lyaudet à des bandes pour lesquelles ce n'était qu'un jeu de se glisser entre les maillons d'une chaîne d'investissement, si rapprochés qu'ils fussent, constituait une opération irréalisable, à moins de circonstances si incertaines qu'il eût été puéril d'y compter.

On adopta une tactique opposée, c'est-à-dire qu'il fut décidé que les opérations seraient dirigées de telle façon que les pirates n'eussent plus qu'une issue libre, la Chine. Une fois la présence de la famille Lyaudet constatée sur ce territoire, le gouvernement se réservait d'agir diplomatiquement.

Jusqu'alors, en effet, à toutes nos réclamations, les autorités chinoises avaient répondu que la famille Lyaudet était au Tonkin, sur notre territoire. Lorsqu'on leur demandait d'en préciser l'endroit, ils désignaient le Pan-Aï.

Pour les convaincre du contraire, il fallait enlever le Pan-Aï et repousser Lô-Man et ses bandes en Chine, sous les yeux des autorités chinoises.

Plus d'échappatoire alors : il fallait rendre la famille captive, ou, si l'on opposait un refus, en subir les conséquences.

Le plan suivant fut arrêté :

Deux colonnes devaient opérer, la première par la crête ouest, la seconde par la crête est. Leur action serait précédée d'un investissement du massif à l'est, au sud et à l'ouest, de manière à ne laisser libre que la direction du nord, le Maï-Luu-Lanh, c'est-à-dire le chemin de la Chine.

L'artillerie devait occuper le Thap-Nhi-Ngha.

COMPOSITION DES COLONNES

Colonel CHAUMONT, commandant les colonnes.
Capitaine COIFFÉ et lieutenant OLLIVIER-HENRY, officiers adjoints.
Lieutenant CRASSOUS, officier d'approvisionnement.
Lieutenant DIDIO, commandant l'artillerie.

1re COLONNE, CONCENTRÉE A POHEN

Lieutenant-colonel RIOU, commandant.
Lieutenants CHASLES et SÉNÈQUE, officiers adjoints.
Médecin de 2e classe BRUGÈRE.
50 hommes de la 6e compagnie du 10e de marine (capitaine OZOUX).
60 hommes de la légion étrangère (lieutenants BRISACH et DUBOIS DE SAINT-VINCENT).

70 élèves-caporaux du 2ᵉ tonkinois (lieutenant Breton) (1).
50 tirailleurs de la 9ᵉ compagnie du 2ᵉ régiment de tirailleurs tonkinois (capitaine Maigret).
100 tirailleurs de la 15ᵉ compagnie du 2ᵉ régiment de tirailleurs tonkinois (capitaine Buat).
20 linhs-co chinois.

2ᵉ COLONNE, CONCENTRÉE A PAK-LIEU.

Chef de bataillon Mondon, commandant.
Lieutenant Mène, officier adjoint.
Médecin de 1ʳᵉ classe Clavel.
Un peloton d'infanterie de marine (69 hommes, sous-lieutenant Loubère).
Un peloton d'infanterie de marine (60 hommes, capitaine Dupin, sous-lieutenant Grivois).
160 tirailleurs (capitaine Cibaut, lieutenant Vairel).
100 tirailleurs de la 11ᵉ compagnie du 2ᵉ tonkinois (capitaine Marchaisse, lieutenant Bonnaventure) (2).
10 linhs-co chinois.

TROUPES D'OBSERVATION.

1ᵉʳ *groupe* (lieutenant Coulais).

60 Européens des 1ʳᵉ et 4ᵉ compagnies du 10ᵉ de marine.
50 tirailleurs de la 2ᵉ compagnie du 2ᵉ tirailleurs tonkinois (sous-lieutenant Delbosc).
10 linhs-co chinois.

2ᵉ *groupe* (lieutenant Angeli).

20 Européens de la 1ʳᵉ compagnie du 10ᵉ de marine.
50 tirailleurs de la 16ᵉ compagnie du 2ᵉ régiment de tirailleurs tonkinois.
20 partisans de la région de Than-Maï.

---

(1) Décédé le 20 janvier 1903, à Oran.
(2) Décédé le 26 juillet 1902, à bord du *Colombo*.

3ᵉ *groupe* (sous-lieutenant Rivier).

20 hommes de la 3ᵉ compagnie du 9ᵉ de marine (sous-lieutenant Peigné).
50 tirailleurs de la 14ᵉ compagnie du 2ᵉ tirailleurs tonkinois (sous-lieutenant Rivier).
20 partisans de la région Than-Van, Cot-Dong.

ARTILLERIE.

Deux pièces de 80 de montagne fournies par la section de Moncay.
Une pièce de 4.

*
* *

Les troupes de renfort arrivèrent à Moncay du 16 au 20 juillet. La chaleur tropicale de ces quelques jours produisit plusieurs cas d'insolation dans le trajet du port de Moncay à la ville.

Trois Européens moururent en effectuant cette marche de 15 kilomètres; plusieurs entrèrent à l'infirmerie en arrivant à Moncay et deux cas indécis de choléra se déclarèrent.

Malgré ces pertes, dues à l'inclémence de la saison chacun était allègre et attendait avec impatience l'ordre du départ.

C'est que les vieux soldats de la région pressentaient que, cette fois, le temps des atermoiements était passé, et qu'ils allaient pouvoir venger ceux déjà nombreux de leurs camarades tombés depuis trois ans. Parmi les nouveaux venus, beaucoup avaient préparé la colonne. Trois mois de marches incessantes, de fatigues ininterrompues avaient amené chez eux le désir d'en découdre une bonne fois.

Bien peu, cependant, parmi les troupes européennes qui avaient coopéré aux opérations préparatoires étaient encore debout pour frapper le grand coup. C'est ainsi qu'une compagnie, la 4ᵉ du 10ᵉ de marine, s'était fondue tout entière.

Le 18 juillet, commencèrent les premiers mouvements. Les troupes d'observation gagnèrent les emplacements suivants :

Le détachement Coulais, sur les hauteurs du Thap-Nhi-Ngha barrant la direction sud ;

Le détachement Angeli, vers Pohen, surveillant les directions ouest et sud-ouest ;

Le détachement Rivier, gardant l'est, sur les pentes du Ma-Tao-San.

Le 23 juillet, les troupes composant les 1ʳᵉ et 2ᵉ colonnes partirent de Moncay : la 1ʳᵉ pour Pohen, la 2ᵉ pour Pak-Lieu, où elles devaint être concentrées le 25. Le départ de Moncay s'effectua en plusieurs détachements ayant chacun son convoi. Pendant la première partie du parcours, la colonne Riou longea la mer. La marée était haute et les nombreux estuaires qu'il fallut traverser retardèrent la marche. Il fut nécessaire de tendre des cordes pour traverser les rivières.

Cot-Dong, la première étape, fut atteint vers 9 heures du soir. Des abris y avaient été préparés. Le matin, il tomba une pluie diluvienne.

Le 24 juillet, on fit route sur Than-Maï. Dans ce trajet, les soldats des troupes de renfort firent connaissance avec le Pan-Aï que l'on apercevait à quelques kilomètres au nord. Les contours en étaient encore confus. On remarqua, cependant, que les deux énormes drapeaux qui flottaient au 690 et au 635 avaient été enlevés. Les pirates, selon leur habitude, avaient-ils abandonné leur repaire à l'approche de la colonne ? Cette supposition fut de courte durée. En arrivant à Than-Maï, la colonne apprit l'engagement du matin entre un fort groupe descendu du Pan-Aï et le détachement du lieutenant Angéli, des troupes d'observation.

Les trois groupes d'observation étaient en position depuis le 21. Le lieutenant Angéli, après avoir occupé le col de Pohen, avait choisi, sur les dernières pentes d'un contrefort du Thap-Nhi-Ngha, une position commandant le seul sentier sud-ouest, mais également dominée, presque inévitablement, dans une région aussi mouvementée.

Les pirates, du haut de leurs aires, d'où ils pouvaient découvrir les positions environnantes, pressentirent la possibilité d'une attaque. Dans la nuit du 23 au 24, ils descendirent, s'approchèrent jusqu'à une portée de fusil et, à 4 heures du matin, dissimulés derrière une crête, ils surprirent le poste. Ceux qui veillaient ripostèrent immédiatement; les autres furent promptement sur pied. Le lieutenant Angéli ayant été grièvement blessé dès le début de l'action, le sergent Patoizeau rassembla les tirailleurs pétrifiés par ce feu inopiné et contraignit les pirates à se retirer, non sans laisser quelques-uns des leurs sur le terrain. Mais leurs décharges avaient causé de notre côté des pertes autrement sensibles. Le tiers du détachement avait été mis hors de combat.

Cet engagement était une bravade, une sorte de défi à la manière chinoise. Provoquer en face est un acte trop crâne et trop loyal pour séduire jamais un pirate chinois. S'avancer en rampant, à la faveur de la nuit, puis à bonne portée, toujours à l'abri, lâcher son coup de fusil et fuir au plus vite, telle est l'offensive du pirate.

Cette veillée de Than-Maï fut longue et triste. Tandis que, dans une case, le docteur Brugère prodiguait ses soins au lieutenant Angéli, stoïque devant le tronçon pendant de sa jambe, dans la case contiguë un caporal, les deux jambes traversées, râlait; un soldat, le ventre ouvert, agonisait, et à la sombre tristesse qui envahissait les cœurs se joignait une légitime indignation à la pensée que ces frères d'armes gisant ou expirant sur un lit de douleur avaient été frappés par des balles de « bagnards » fondues avec des piastres françaises.

XI

JOURNÉE DU 26 JUILLET

Le 25 juillet, la 1re colonne se trouvait rassemblée à Pohen.

L'attaque générale des positions devait être tentée le lendemain. L'artillerie, en position au Thap-Nhi-Ngha, devait préparer cette attaque dès la première heure.

Le lieutenant-colonel Riou arrêta les dispositions suivantes :

Une colonne légère composée de 80 tirailleurs tonkinois, choisis parmi les meilleurs élèves caporaux du 2e régiment, et de quelques partisans éprouvés de la région, devait escalader les pentes nord-ouest du massif, gagner la crête près de sa naissance, puis la remonter en délogeant de leurs positions les forces ennemies qui pourraient s'y trouver.

Le gros des troupes y accéderait en suivant le chemin tracé par les reconnaissances d'exploration, le seul qui permît à une forte colonne de s'avancer.

La colonne légère quitta Pohen à 4 heures du matin. Guidée par les partisans du village méo de Pohen, ouvrant le chemin avec leurs coupe-coupe, elle s'engagea à la pointe du jour sur les pentes extrême-ouest du massif et la crête fut atteinte à 7 h. 15.

Une heure plus tard, le groupe de tête arrivait au col où aboutit le chemin par lequel devait déboucher le gros de la 1re colonne, qui s'avançait, en effet, protégé par cette marche de crête, et la jonction des deux groupes se fit sans aucun incident.

Le premier objectif de la colonne Riou était la cote 620, point terminus de la reconnaissance du 8 juin. Or, les pirates, après l'alerte qui les avait si fortement émus, avaient fait de la cote 620 une position avancée. En arrière, à 300 mètres, était toujours le fortin 635.

Aucun mouvement, aucun coup de feu ne révélait la présence des pirates. Tapis sous des rochers, ils attendaient que le feu de l'artillerie eût cessé, ce qui devait nécessairement se produire lorsque les troupes d'attaque, arrivées près des positions ennemies, allaient avoir à craindre pour elles-mêmes l'effet des projectiles. La colonne volante, devenue avant-garde, fut chargée d'enlever la cote 620.

La ligne de la crête était la seule voie d'accès. A mi-chemin, cette crête est constituée par un rocher en forme de toit que l'on ne peut traverser qu'en enfourchant l'arête aiguë qu'il forme. A droite et à gauche, un précipice dont la vue donne le vertige.

A peine les premiers hommes furent-ils engagés sur ce rocher, qu'il fut balayé par une fusillade nourrie, dirigée de front par les tireurs du 620 et de flanc par ceux du fortin.

Continuer à avancer par cette crête, c'était vouloir perdre successivement tous ceux qui s'y aventureraient.

Le lieutenant commandant l'avant-garde donna l'ordre à son second, le sous-lieutenant Fécelier (1), de rester à cet endroit avec son groupe, en l'abritant derrière le rocher pour répondre au feu de l'ennemi.

Pendant ce temps, le groupe de tête tentait le passage par le flanc gauche de la crête, défilé à la vue et aux coups des pirates. On avança ainsi de quelques mètres, mais les difficultés augmentaient. A son tour, le sergent Dupetit prit position.

Le flanc suivi ne présentait plus que des rochers lisses entre les anfractuosités desquels poussaient seulement quelques arbrisseaux. Les mains s'accrochaient aux crevasses de la roche, aux touffes d'arbustes; les pieds se crispaient, cherchant un point d'appui sur les moindres aspérités du roc ou ballotaient dans le vide.....

En avançant ainsi homme par homme, dix-neuf tirailleurs et leur lieutenant purent se rassembler en contrebas de la crête, à quelques mètres seulement de l'ennemi, sans que celui-ci les eût aperçus.

Il avait fallu deux heures pour franchir cet

---

(1) Décédé le 23 août 1901 à Tananarive.

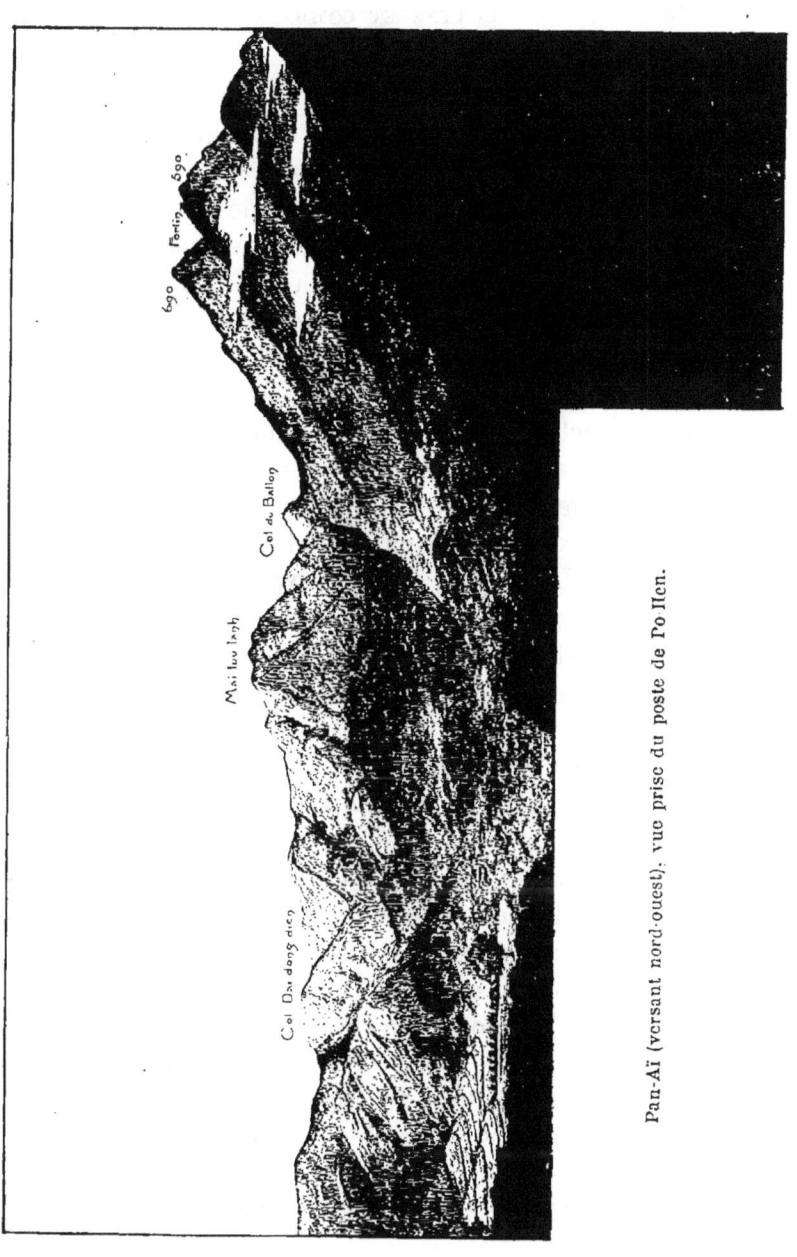

Pan-Aï (versant nord-ouest), vue prise du poste de Po Hen.

espace de 100 mètres! Il était impossible d'aller plus loin sans se découvrir, et 20 mètres restaient à parcourir.

Un bond ! Mais un bond sur une cîme aiguë, balayée de front et de flanc par une fusillade intense. Serait-ce impossible ? Ceux qui venaient d'accomplir le premier tour de force sous le sifflement des balles ou le coup de fouet sinistre des branches coupées, des bambous abattus par les projectiles, ne pouvaient faiblir.

En un superbe élan, tous surgissent sur la crête. Une grêle de balles les accueille. Trop tard ! ceux qui n'ont pas été atteints sont sur la position. Le 620 est à nous. Neuf sont tombés, l'un d'eux frappé de deux balles. Sur les onze qui restent, quatre ont leurs vêtements ou leur équipement traversé; et l'assaut n'avait pas duré une minute !

Mais le 620 n'était qu'un objectif secondaire; le principal était le fortin qui s'élevait à 300 mètres plus loin.

Pour faciliter l'enlèvement de cette seconde position, le lieutenant-colonel Riou avait envoyé le capitaine Buat tenter un mouvement tournant sur la gauche. On comptait aussi sur l'action de la colonne de l'Est, qui devait enlever le 690.

Le capitaine Buat (1), après s'être heurté à d'insurmontables difficultés, avait été obligé de

---

(1) Décédé le 22 octobre 1903 à Diégo-Suarez.

rebrousser chemin. Aucun mouvement de la 2ᵉ colonne ne se dessinait, et le soir survint que l'on était encore dans l'attente.

La 2ᵉ colonne, sous le commandement du commandant Mondon, avait quitté Pak-Lieu en trois groupes : l'avant-garde, ayant à sa tête le capitaine Dupin ; le gros de la colonne, sous les ordres du capitaine Cibaud ; l'arrière-garde, sous ceux du capitaine Marchaisse.

La marche ne put s'effectuer qu'à la file indienne. L'étroitesse de la crête, semblable à celle de l'ouest, ne permettait pas le passage à plus d'un homme de front.

L'avant-garde arriva à 300 mètres du 690 sans incident. Mais, à partir de ce point, une vive fusillade assaillit la colonne et l'arrêta dans sa marche.

Le commandant Mondon, en se portant en avant pour se rendre compte de la situation, eut la jambe cassée par une balle. Le commandement passa, de ce fait, au capitaine Dupin, qui, à son tour, tomba blessé d'une balle dans les reins.

On tenta cependant d'avancer. Les marsouins avaient pris la tête. Ils occupaient l'endroit, dit « la Roche renversée », à 100 mètres environ du 690. D'héroïques efforts restent stériles. Autant essayent de forcer le passage, autant tombent, quelques-uns pour ne plus se relever.

Le capitaine Marchaisse, qui avait pris le commandement, réunit les officiers en conseil.

CRÊTE DU

620   690

AN-AI

↓ Roche Casimir

La majorité fut d'avis que la position ennemie était inabordable.

La colonne battit en retraite et rentra le soir au poste de Pak-Lieu avec deux officiers grièvement blessés, trois hommes tués et vingt blessés.

La nuit qui suivit fut marquée par un orage épouvantable. Les coups de tonnerre succédaient aux éclairs répercutant dans les montagnes et dans les bois leur grondement sinistre.

Sans abris, sans couvertures, la colonne Riou passa cette nuit sur la cime qu'elle avait conquise. Elle y resta accrochée jusqu'à la fin des opérations. Son succès, sans être complet, n'en était pas moins réel.

Par contre, l'échec de la 2e colonne s'accentuait de la retraite de la colonne tout entière. Malgré les difficultés qui se présentaient, un détachement aurait pu se maintenir sur la crête, et l'ennemi fût resté indécis, alors qu'il lui était permis de crier victoire.

Cette retraite devait avoir son contre-coup sur la journée du 30, alors que les pirates, désormais libres et sans crainte du côté de l'est, purent tourner toutes leurs forces contre la colonne Riou.

XII

JOURNÉE DU 30 JUILLET

Durant toute la journée du 26, le colonel Chaumont s'était tenu au Thap-Nhi-Ngha; le lendemain, il descendit à Pak-Lieu. Il y trouva la 2ᵉ colonne quelque peu désorganisée. Il apprit également que, depuis la veille, les pirates occupaient le Maï-Luu-Lanh.

On a vu les raisons qui avaient fait renoncer à l'occupation de ce point par nos troupes. Les pirates, eux, n'avaient pas été sans remarquer l'importance de cette position où nos reconnaissances s'étaient souvent portées. Ils s'y établirent pendant la nuit du 25 au 26, la veille de l'attaque du Pan-Aï. Leur ligne de ravitaillement et de retraite se trouvait ainsi assurée.

Le premier soin du colonel Chaumont fut de les chasser de Maï-Luu-Lanh, où nous n'aurions jamais dû les laisser s'installer. Un poste n'a jamais pu barrer la route à des pirates quand ils ont la ferme résolution de passer; les exemples abondent. Laisser libre le Maï-Luu-Lanh, sous prétexte de leur ménager une porte de sortie, c'était bien la précaution inutile, et l'on se privait d'un point d'appui important dans le système d'attaque.

Le Maï-Luu-Lanh avait été jugé la position d'artillerie la plus favorable pour le bombardement du 690 et du 635, clefs des positions ennemies. Il menaçait en outre la ligne de ravitaillement et de retraite de la bande. Or, pour quiconque connaît la tactique, la manière de combattre des pirates, il est évident que rien ne leur est plus sensible que de voir leur ligne de retraite menacée. Il y a peu d'exemples, au Tonkin, que, leur ligne de retraite inquiétée, les pirates n'aient pas abandonné leurs positions.

Cette vérité se trouva confirmée au Pan-Aï.

Le Maï-Luu-Lanh ayant été enlevé le 30 au matin, la même nuit, les principaux chefs, Lô-Man et Laou-Sam, gagnèrent la Chine, emmenant avec eux la famille Lyaudet et donnant pour prétexte à cette véritable fuite les nécessités du ravitaillement.

La vérité était que l'occupation du Maï-Luu-Lanh avait fortement troublé leur sérénité. A la sécurité, à la confiance que leur inspirait la force de leurs positions succédaient des doutes, des appréhensions qui motivèrent la fuite des principaux chefs.

Sans doute ils n'abandonnaient pas tout à fait la partie; ils laissaient au Pan-Aï des lieutenants désireux de s'illustrer à leur tour et qui allaient mettre dans la lutte l'obstination désespérée de gens qui jouent leur dernière carte, qui font appel aux suprêmes ressources.

Le Maï-Luu-Lanh fut donc enlevé le 30.

Du 26 à cette date, la 2ᵉ colonne avait été réorganisée et le colonel Chaumont en avait pris le commandement. Elle s'était portée de Pak-Lieu à Nam-Si.

L'attaque devait avoir lieu de grand matin. Pour diviser les forces de l'adversaire, la colonne Riou prononcerait un mouvement en avant à l'ouest, en même temps qu'une colonne légère, sous le commandement du lieutenant Ollivier-Henry, devait faire diversion à l'est, sur la crête.

A 3 heures du matin, la colonne légère gravissait les pentes du Pan-Aï. Elle arrivait avant l'aube au point où, le 26, échouait l'effort d'avant-garde de la colonne Mondon.

Un brouillard épais favorisait la marche. Au pied de la « Roche renversée », la petite troupe attendit les premiers coups de feu qui devaient signaler l'attaque principale. L'heure s'écoulait sans que le bruit d'aucune fusillade fût perçu. L'attaque des autres colonnes était retardée par le brouillard.

Le lieutenant Ollivier-Henry, poussant en avant, gagna les rangs de petits piquets qui garnissaient le pied du 690. La tentative était audacieuse. Un voile épais de brume cachait toujours à l'ennemi la présence de la troupe. L'escalade allait être tentée, lorsque sur le point d'aborder le rocher l'éveil fut donné. La fusillade crépita. Toute surprise rendue impossible, la colonne se replia. Les balles passaient drues, serrées au-dessus des têtes, ricochaient sur les roches, et ce fut protégée par celles-ci que la troupe put se mettre hors d'atteinte.

Dans l'ignorance des projets du colonel, et en l'absence d'ordres, elle rejoignit la 2ᵉ colonne au moment où s'enlevait le Maï-Luu-Lanh.

L'attaque de cette position était faite par l'est avec le capitaine Marchaisse, et par le nord avec le capitaine Geschwind (1).

Les pirates avaient construit deux postes sur chacun des petits sommets formant la cime du Maï-Luu-Lanh. Le terrain favorable permit aux troupes de s'avancer tout en restant défilées. Lorsqu'il fut à bonne distance, le groupe Marchaisse se lança à l'assaut avec une ardeur qu'il puisait dans le souvenir de son échec du 26.

Le poste supérieur fut brillamment enlevé. Deux sous-officiers européens et un caporal de tirailleurs furent blessés. De son côté le groupe Geschwind s'emparait sans coup férir du poste inférieur et y plantait notre drapeau.

Entre temps, la colonne Riou tentait d'enlever le fortin 635. Deux colonnes d'assaut avaient été formées; la première sous les ordres du lieutenant Brisach, la seconde conduite par le lieutenant Chasles. L'artillerie du Thap-Nhi-Ngha devait assurer la préparation de l'attaque, et des tireurs de position placés au 620 devaient

---

(1) Décédé le 31 octobre 1899.

protéger la marche des colonnes d'assaut, ce que la configuration du terrain leur permettait de faire sans danger.

A la pointe du jour, le lieutenant-colonel Riou se porte au 620. La pièce d'artillerie du Thap-Nhi-Ngha ouvre le feu. Malheureusement l'inefficacité de son tir, due à la mauvaise qualité des

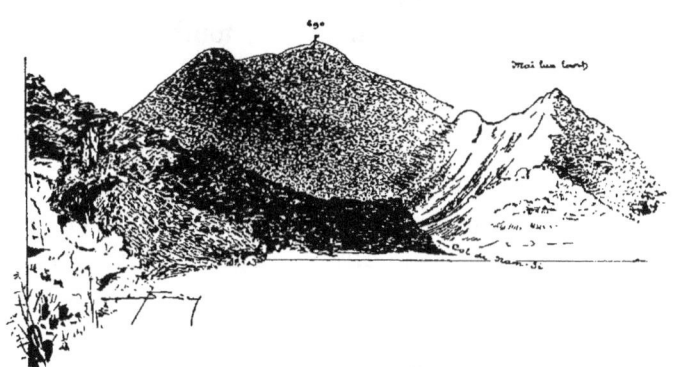

Pan-Aï (versant nord-est).

projectiles, le brouillard qui survint et arrêta le feu, l'absence de danger sur la crête est, tout concourait à rendre plus difficile encore l'action isolée de la 1re colonne.

Tout à coup, des hauteurs où, depuis cinq heures, ils grelottent dans la pluie, nos soldats voient, dans une éclaircie, leurs camarades de la 2e colonne enlever d'assaut le Maï-Luu-Lanh. Ce spectacle stimule leur courage et, vers 11 heures, le lieutenant Brisach, le brouillard tardant à se lever, tente l'attaque avec ses seuls moyens.

A 50 mètres de la position, le clairon sonne la charge.

Un feu roulant accueille nos soldats, qui tombent les uns après les autres dans les abatis et les défenses accessoires accumulés sur les talus de la position.

Le sergent Moreau, un vieux marsouin, décoré de la médaille militaire, tombe raide mort atteint d'une balle dans la tête. Dans sa chute, sa baïonnette se casse au ras du pommeau. L'arme de ce brave se brisait à l'heure où elle allait connaître la défaite.

L'élan est arrêté; le lieutenant Brisach reforme ses légionnaires à l'abri d'une roche triangulaire, qui s'élève à une quinzaine de mètres du fortin.

De là il s'élance pour un second assaut. Le clairon Dillenschneider sonne de nouveau la charge, l'intensité du feu s'accroît, les winchester font rage.

Le lieutenant Brisach tombe mortellement blessé. Le soldat Mallinger arrive le premier au pied du parapet. Il saisit la palissade, la secoue désespérément et s'abat le corps troué de plusieurs balles; son cadavre restera aux mains des pirates.

Le soldat Rodenburg, blessé au bras, avance néanmoins; une nouvelle balle lui traverse la poitrine, il tombe. Mû par une force surhumaine, il se relève, fait quelques pas; une troisième balle lui troue le ventre.

En quelques secondes la moitié des légionnaires de la fraction d'assaut est hors de combat; ce qu'il en reste se réfugie derrière le rocher. Le lieutenant Chasles, prévenu à l'arrière, en prend le commandement.

Des cartouches de dynamite avaient été emportées; mais la pluie qui tombait depuis le matin avait éteint le briquet, mouillé toutes les allumettes.

A grand'peine on parvient à trouver, à l'arrière, une boîte d'allumettes intactes. Elles sont envoyées à la troupe d'assaut. Le soldat Demayer (1) avait reçu la mission spéciale de faire partir les cartouches.

« Mon colonel, avait-il répondu la veille au colonel Riou qui lui faisait expliquer la manière de les faire éclater, c'est compris, je leur z'en flanque deux, trois..... dans leur barda, et je garde la dernière pour leur z'y foute dans le c.. »

Demayer, quittant le rocher qui l'abritait, ainsi que la petite troupe, s'avance à découvert jusqu'à quelques pas du fortin et, sans se soucier des balles qui pleuvent autour de lui, allume deux cartouches, et les lance dans le fortin.

L'une tombe au delà, la seconde reste accro-

---

(1) Promu adjudant par le colonel Riou au 7ᵉ colonial en 1903.

chée à la palissade et ne commet aucun dégât. Deux autres cartouches sont lancées avec le même calme et la même crânerie.

Cette fois, elles tombent au milieu du poste. Un silence de mort succède aux cris des pirates apostrophant nos soldats. Mais sur ces abris rocheux l'effet destructif est nul. Le premier moment de stupeur passé, les pirates recommencent leur feu.

En présence d'une défense aussi opiniâtre, et dans l'impossibilité de pratiquer une brèche, le lieutenant Chasles ordonne la retraite. Le brouillard, qui nous avait été jusque-là si préjudiciable, nous favorisa cette fois, et ce fut protégés par les épaisses vapeurs qui obscurcissaient l'air que la retraite s'effectua.

Il était 3 heures de l'après-midi. Le corps d'un caporal de tirailleurs resta sur le chemin; celui du soldat Mallinger, tombé au pied du parapet, ne fut jamais retrouvé. On apprit plus tard que les pirates avaient présenté sa tête mutilée aux membres de la famille Lyaudet, en leur disant que c'était la tête d'un officier tué le matin.

Les soldats Rodenburg et Franck moururent des suites de leurs blessures.

Les soldats Fleck, Stickel, Braillard étaient grièvement blessés ainsi que cinq tirailleurs.

Le soir, à 7 heures, le lieutenant Brisach expirait. Son corps repose en terre tonkinoise, bien loin de son Alsace qu'il rêvait, sans doute,

Fortin de la cote 635.

de reconquérir, lorsqu'il vint se ranger sous notre drapeau.

Cet insuccès compromettait la journée si bien commencée. Il eut comme conséquence que l'ordre fut donné d'arrêter les opérations actives et de procéder au blocus des positions ennemies.

Mais un blocus en une région aussi accidentée ne peut être que fictif. Pour l'exercer utilement, il eût fallu disposer de 5.000 hommes. C'est alors qu'une nouvelle attaque fut préparée, mais de telle façon que le tir de l'artillerie fût efficace. La cote 620 allait devenir la base, le pivot des nouvelles opérations qui aboutirent, après des fatigues inouïes, des dangers incessants, à la prise définitive des positions ennemies.

Aussi, à ceux qui enlevèrent le 620, peut-on rendre cet hommage que, sans leur dévouement, le Pan-Aï ne fût pas tombé entre nos mains le 21 août suivant.

XIII

**INVESTISSEMENT DU PAN-AI
JOURNÉE DU 21 AOUT**

L'investissement du Pan-Aï fut établi au nord et à l'est par les troupes de la 2ᵉ colonne. Le Maï-Luu-Lanh et le col du Ballon au nord, la cote 250 à l'est furent occupés.

La 1ʳᵉ colonne investit le sud et l'ouest en occupant le Thap-Nhi-Ngha et le col de Pohen. Elle assurait, en outre, la garde des positions conquises, 620 et 590, par des détachements se relevant tous les quatre jours.

Le lieutenant-colonel Riou proposa de monter deux pièces de 80 de montagne au 590, partie de la grande crête à 300 mètres à l'ouest du 620, et où la 1ʳᵉ colonne s'était installée.

Cette opération paraissait impossible.

Les pièces furent démontées et, à grand renfort de coolies, les Européens payant aussi de leur personne, elles furent hissées, morceau par morceau, d'étage en étage, jusqu'au 590. Il ne fallut pas moins de quinze jours d'efforts pour venir à bout de cette rude tâche.

Le 10 août, la première pièce était en position et un essai fut tenté. Le lieutenant Didio tira vingt projectiles sur le fortin. La tentative, ayant fourni des résultats satisfaisants, donna bon espoir pour le résultat de l'opération définitive. En attendant on tendit, la nuit, des embuscades, afin de gêner le ravitaillement du Pan-Aï.

L'inclémence de la saison amena de nombreuses évacuations. Lorsque la pluie ne tombait pas, c'était un soleil de plomb qui terrassait les natures les plus énergiques, abattait les plus infatigables.

Le 14 août, la foudre tomba successivement au 590 et au 620, renversant plusieurs hommes, dont deux eurent les jambes paralysées. Cet accident n'eut heureusement pas de suites graves.

Un seul homme resta assez sérieusement atteint. La foudre lui laissa une trace de brûlure au ventre. Quand elle l'avait frappé, il était assis sur une caisse de projectiles !

La note gaie, qu'on trouve souvent dans les situations les plus critiques, fut donnée par un artilleur. Il accourt tout essoufflé et raconte à son lieutenant que la foudre vient de tomber sur le camp, ses camarades se sont f..... par terre et lui a reçu une « locomotion » dans le dos. Chacun se prend à rire et l'on fait répéter au pauvre diable, ahuri de cette gaîté, le mot dont la drôlerie inattendue a détendu les nerfs quelque peu surexcités par l'orage et le danger de la situation. C'est que le bruit du tonnerre est généralement précédé ou suivi d'une fusillade, dont les effets sont plus graves que ceux de la foudre.

Le sergent Chéret, du 10ᵉ de marine, en vaquant à ses occupations, est tué par une balle qui lui traverse le poignet, puis le ventre; un tirailleur est également tué en coupant du bois. De leur côté, nos hommes, constamment à l'affût, ne manquaient pas une occasion de tirer sur tout pirate qui se laissait voir. Leur principal objectif était une sentinelle qui se tenait à la roche très caractéristique limitant le repaire au sud. « Casimir » tel était le sobriquet dont, sans intention malséante, les soldats avaient baptisé cette sentinelle. A chaque relève, « Casimir », devenait le point de mire de nos tireurs postés. Ce nom est resté à la roche.

Des renforts avaient été demandés pour combler les vides causés par le feu, les fatigues et la maladie. A la 1ʳᵉ colonne, le capitaine Valfrey vint prendre le commandement de l'artillerie. Le lieutenant Vormèze amena un peloton d'élèves caporaux du 10ᵉ de marine; le lieutenant Roze remplaça le lieutenant Brisach; enfin le commandant Weber, venu de Hanoï, prit le commandement de la 2ᵉ colonne.

Les deux pièces de 80 de montagne, approvisionnées chacune à 150 projectiles, étaient en place.

Le 18 août, le colonel Chaumont vint à Pohen avec le capitaine Coiffé (1), major de la colonne.

L'heure de l'attaque générale approchait.

---

(1) Décédé le 12 janvier 1899 à Sikasso (Soudan).

Intérieur du roqaire et roche Casimir.

Le commandant Weber s'était proposé de faire enlever le 690 par les linhs-co chinois en les laissant libres d'opérer à leur guise, se réservant de les soutenir en cas d'échec.

La colonne Riou devait enlever le fortin (635). Le Thap-Nhi-Ngha coopérait à l'attaque générale en envoyant des détachements sur les pentes sud.

Cette attaque fut fixée au 21 août.

Le 20, le colonel Chaumont et toute la 1re colonne montaïent au 590. Deux fractions d'assaut furent formées, comme pour la journée du 30 juillet.

Le lieutenant Vormèze, avec les élèves caporaux du 10e de marine, commandait la première; la seconde était sous les ordres du lieutenant Dubois de Saint-Vincent, avec les légionnaires.

Le 21 août, le soleil se leva dans un ciel d'azur. Le réveil fut sonné en fanfare, à 500 mètres des pirates, par tous les clairons de la colonne réunis. Quelques minutes après, les deux pièces d'artillerie envoyaient simultanément leur premier obus. C'était le signal de l'attaque. Les colonnes d'assaut montèrent au 620.

Aux premiers coups de canon, les palissades en bambou du fortin volèrent en éclats; de la terre, des pierres, des abatis projetés tournoyaient dans l'air.

Bien abrités dans leurs trous casematés laissant seulement paraître le vide d'un étroit créneau, les pirates répondirent par un feu de mousqueterie. Bientôt cependant ils cessèrent; mais, vers 11 heures, le tir de l'artillerie s'étant ralenti, de nouveaux coups de feu partirent du fortin, entre les intervalles de deux coups de canon.

L'artillerie avait déjà envoyé plus de 250 obus et il ne semblait pas qu'une brèche suffisante eût été pratiquée dans le parapet du fortin.

Impatientes, les troupes d'assaut n'attendaient qu'un signal pour s'élancer, mais le commandement hésitait. Allait-il falloir encore faire tuer une vingtaine d'hommes pour venir à bout de ces bandits ?

N'est-ce pas Canrobert qui a dit :

« Il est toujours facile d'être brave, c'est l'instinct qui veut cela. Je n'ai connu les grandes angoisses que lorsqu'il m'a fallu le courage de prendre une détermination et d'encourir une responsabilité. »

Vers midi, l'artillerie cessa de tirer. 280 projectiles, tirés à 500 mètres, avaient réduit le fortin en miettes. Le lieutenant-colonel Riou dépêcha auprès du colonel Chaumont un de ses officiers pour lui expliquer la situation.

Evidemment les pirates occupaient encore le fortin, et son enlèvement demandait un dernier sacrifice. Ne pas s'y décider, c'était reculer la reprise des opérations à une date indéterminée puisqu'il ne restait plus de projectiles d'artillerie, c'était surtout s'avouer impuissant en face des pirates du Pan-Aï et de leurs congénères de Chine, qui, des fermes de la rive gauche du Ka-long-Ho, suivaient de l'œil, depuis le matin, toutes les phases du combat.

Le colonel Chaumont donna l'ordre ferme de tenter l'assaut.

Les dispositions suivantes furent prises.

Quinze minutes sont seulement nécessaires pour franchir, en prenant toutes les précautions, les 300 mètres qui séparent le 620 du 635. L'artillerie va reprendre son tir en l'espaçant; aussitôt le premier coup de canon tiré, la colonne d'assaut quittera la position d'attente qu'elle occupe depuis le matin en contre-bas du 620 et s'avancera sur le fortin, en même temps que les tireurs de position exécuteront un feu rapide sur le fortin et ses abords.

A 1 h. 5, le premier coup de canon retentit. Le lieutenant Vormèze s'avance, ainsi que la 2ᵉ colonne d'assaut. Le docteur Brugère, avec l'ambulance, prend place dans une position défilée. Nos soldats, gagnant du terrain en rampant, s'arrêtent au bloc des rochers situé à une quinzaine de mètres en avant du fortin, d'où le lieutenant Brisach était parti le 30 juillet pour son deuxième assaut.

Le lieutenant Vormèze doit surgir de la droite avec la moitié de ses hommes; le sergent Decombis, de la gauche, avec l'autre moitié.

L'instant suprême approche, les baïonnettes étincellent. Vormèze, le revolver à la main, s'élance et, aux accents de la charge, entraîne ses marsouins en leur criant : « En avant, mes enfants! »

Le parapet va être atteint, c'est la victoire! lorsqu'une décharge part à bout portant des abris casematés. Du 620, d'où l'on suit aisément toutes les péripéties de la lutte on voit des corps s'abattre, rouler en bas du talus, laissant sur le terrain des traînées de sang.

Mais le lieutenant Vormèze et le caporal Silvani apparaissent sur le parapet que les retranchements en ruines ont formé en s'écroulant. De son revolver, Vormèze ajuste un Chinois qui le met en joue; son coup rate!... la balle ennemie le traverse de la hanche à l'épaule... Il s'affaisse, tire son mouchoir, l'applique sur sa blessure et expire sans une plainte.

Le caporal Silvani tue son meurtrier à bout portant, et lui-même, au même instant, a la cuisse traversée. Il tombe dans l'intérieur du fortin obstruant dans sa chute le trou de la taupinière où s'est casematé un pirate qu'il larde à coups de baïonnette.

La décharge générale de l'ennemi avait amené un moment d'hésitation parmi les assaillants, et de douloureuse angoisse pour les témoins du combat. Mais nos marsouins et le sergent Decombis (1) tiennent bon. C'est la lutte corps à corps avec les défenseurs de l'ouvrage.

---

(1) Décédé en 1896.

Les soldats Hurtu, Besombes et Weiler tombent pour ne plus se relever, lorsque les légionnaires, conduits par le lieutenant Dubois de Saint-Vincent, bondissent par-dessus les tirailleurs et paraissent sur le fortin. Les pirates se font tuer dans leurs retranchements.

Un poteau de la palissade était resté debout sous les effets de l'artillerie, se dressant comme un mât isolé au milieu de tous les décombres. Le soldat Gauthier, du 10e de marine, s'aidant des pieds et des mains, se hisse au haut pour y accrocher les trois couleurs. Il allait en atteindre la tête, lorsque doucement on le vit glisser le long du mât et s'affaisser à son pied. Il était mort.

Ce fut le dernier acte de ce combat où, si les nôtres multiplièrent les traits d'héroïsme, les Chinois firent preuve d'une résistance, d'une opiniâtreté et, disons-le, d'un courage sans exemple, peut-être, dans les annales de la piraterie.

Les pirates, dont le repaire était maintenant dominé, s'enfuirent de tous côtés.

Au 690, les linhs-co chinois avaient échoué, le matin, dans la surprise qu'ils avaient tentée; mais, avec beaucoup d'à-propos, ils s'étaient portés à l'abri de la Roche renversée (crête est), inquiétant l'ennemi de ce côté.

Enfin, vers 4 heures, la 2e colonne occupait le 690. Dès lors tout le Pan-Aï était à nous. Sa conquête nous coûtait :

3 officiers tués et 3 blessés ;
15 Européens tués et 10 blessés ;
9 tirailleurs tués, 38 blessés ;
Soit 78 hommes atteints par le feu.

Qui dira ceux que la maladie terrassa et qui dorment aujourd'hui leur dernier sommeil dans les cimetières de Nam-Si, de Pohen, de Moncay et de Quang-Yen.

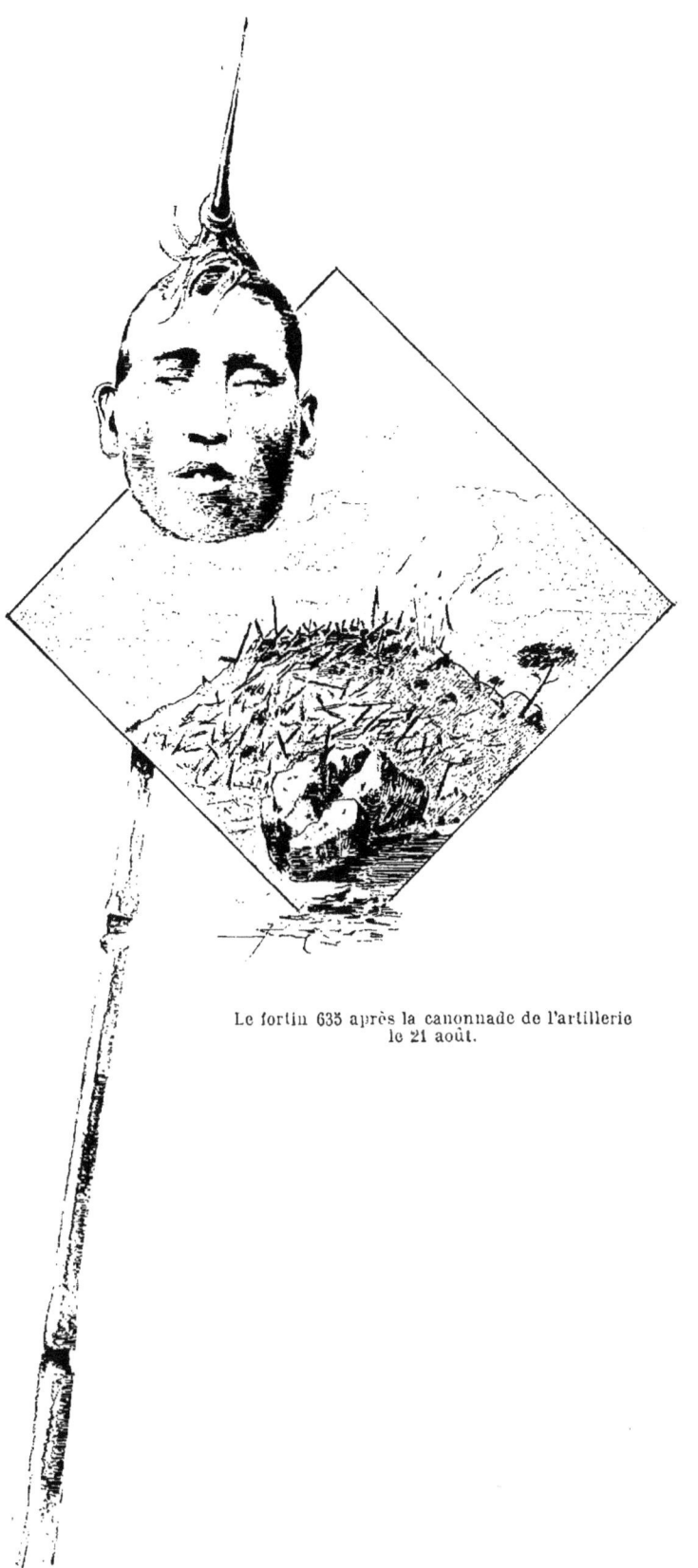

Le fortin 635 après la canonnade de l'artillerie
le 21 août.

XIV

Les opérations terminées, le général commandant en chef les troupes de l'Indo-Chine fit paraître l'ordre général suivant :

TROUPES
DE L'INDO-CHINE

ETAT-MAJOR.
—
N° 77.
—

ORDRE GÉNÉRAL

Le général commandant en chef porte à la connaissance des troupes placées sous ses ordres les combats qui ont terminé au Pan-Aï les opérations engagées dans le 1er territoire militaire.

Les pirates avaient établi leur repaire sur le sommet du Pan-Aï, massif dominant, presque inaccessible, abordable seulement par des crêtes rocheuses, étroites et découvertes.

Le 26 juillet, la colonne de l'Ouest prenait pied et réussissait à se maintenir sur l'extrémité de la ligne de faîte pendant que la colonne de l'Est qui suivait aussi la crête venait se heurter à une position hérissée d'obstacles et ne pouvant être tournée. Cette dernière colonne devait s'arrêter sous un feu meurtrier qui lui couchait par terre son chef, le commandant MONDON, grièvement blessé, 3 tués, 19 blessés parmi lesquels le capitaine Dupin.

Le 30, la colonne de l'Ouest tentait un nouvel effort. Avec leur bravoure et leur entrain habituels, les légionnaires formant la tête de la colonne d'attaque, cheminaient sous le feu, sur un glacis resserré entre deux précipices et semé de défenses accessoires, mais leur élan vint se briser contre le parapet au pied même duquel tombaient le lieutenant Brisach et le légionnaire Mallinger. Le lieutenant Chasles, de l'infanterie de marine, commandant la colonne de réserve, prenait aussitôt la tête, assurait l'enlèvement des blessés et la retraite de la colonne d'attaque avec une bravoure et un dévouement remarquables.

Malgré leurs pertes, malgré les difficultés extraordinaires du terrain et la rigueur de la température, le moral de nos soldats ne fut pas un seul instant ébranlé et c'est avec le plus brillant entrain qu'elles repartaient à l'assaut le 21 août.

L'artillerie amenée à bonne portée au prix des plus grandes difficultés, avait efficacement préparé l'attaque. La tête de colonne est formée par un détachement du 10ᵉ de marine (lieutenant Vormèze). Ce n'est qu'au pied du retranchement qu'elle est assaillie par un feu rapide, d'une violence extrême, sous lequel tombent le lieutenant Vormèze, les soldats Gauthier, Hurtu, Bezombe, du 10ᵉ de marine, et le légionnaire Weiler. Le lieutenant Dubois de Saint-Vincent, commandant la colonne de réserve (2ᵉ régiment étranger), vole en tête de la troupe un instant hésitante, et à travers une grêle de balles, s'élance debout sur le parapet du fortin en criant « En avant ! » Le sergent Decombis, le caporal Sylvani, qui fut blessé grièvement, les soldats Zanoli, Curey, du 10ᵉ de marine, le légionnaire Desecq suivent de près et entraînent toute la colonne d'assaut qui entre dans le fort la baïonnette haute.

Pendant ce temps les linhs-co chinois, sous le commandement du pho-quan Dang-Tien-Tuyen, enlevaient vigoureusement le poste pirate situé sur la crête Est.

La brillante affaire du 21 août a eu pour résultats :

le rejet en Chine d'une bande forte et aguerrie, l'enlèvement de vive force d'un repaire réputé comme imprenable aussi bien par ses défenseurs que par les habitants de la frontière ; elle a définitivement prouvé aux Chinois que c'étaient aux coups de fusils seuls que pouvaient aboutir pour eux les enlèvements de nos compatriotes.

Le général commandant en chef félicite le colonel CHAUMONT, les commandants de colonne et les braves troupes placées sous leurs ordres.

Sont cités à l'Ordre du jour :

M. le lieutenant SÉNÈQUE, du 10ᵉ de marine : « A effectué les reconnaissances préliminaires et a fourni, en allant souvent les chercher audacieusement tout près des positions ennemies, les renseignements indispensables à la conduite des opérations. Le 26, a dirigé par un sentier jugé impraticable sur le flanc d'un précipice un mouvement tournant qui après un combat très vif a amené la prise d'une position d'importance capitale sur laquelle la colonne de l'ouest a pu s'installer. »

M. le docteur CLAVEL, médecin de 1ʳᵉ classe au 10ᵉ de marine : « A fait preuve le 26 juillet 1895 de beaucoup de dévouement et de courage en allant malgré les difficultés considérables du terrain et avec des moyens restreints relever les blessés sous le feu de l'ennemi jusqu'en tête de la colonne. »

REBRASSIER, soldat de 1ʳᵉ classe au 9ᵉ de marine : « A fait preuve du plus brillant courage à l'affaire du 26 juillet 1895 (2ᵉ colonne). S'est porté seul bien en avant de ses camarades au moment de l'attaque et est resté le dernier au moment de la marche rétrograde. Devenu légendaire à la 2ᵉ colonne où il a fait l'admiration de tous. »

M. le lieutenant BRISACH, du 2ᵉ régiment étranger : « Commandant la 1ʳᵉ colonne d'attaque à l'assaut du 30 juillet 1895, a entraîné sa troupe jusqu'au pied même du parapet à travers les abatis encombrant le glacis et sous un feu des plus intenses, est tombé glorieusement au moment où il enlevait ses hommes à l'assaut. »

MALLINGER, soldat de 2ᵉ classe au 2ᵉ régiment étranger : « Pendant l'assaut du 30 juillet 1895, malgré une première blessure reçue à la main, est resté en tête de la colonne d'attaque et est venu tomber mort au pied du parapet. »

M. le lieutenant CHASLES, de l'état-major des troupes de l'Indo-Chine (infanterie de marine H. C.) : « Commandait la 2ᵉ colonne d'assaut à l'attaque du 30 juillet 1895. A pris, après la blessure du lieutenant Brisach, le commandement des deux colonnes, est resté pendant près d'une heure sous le feu du fort à une quinzaine de mètres cherchant à faire brèche à la dynamite, enfin a opéré avec un dévouement et une bravoure remarquables une retraite rendue longue et pénible par l'enlèvement des blessés. »

DEMAYER, soldat de 1ʳᵉ classe au 2ᵉ régiment étranger : « A fait preuve le 30 juillet 1895 du plus grand courage en se portant seul à 7 ou 8 mètres du parapet pour y lancer sous un feu violent quatre cartouches de dynamite. »

M. le lieutenant DUBOIS DE SAINT-VINCENT, du 2ᵉ régiment étranger : « Commandait la colonne de réserve à l'attaque du 21 août 1895. Au moment de la mort du lieutenant Vormèze tombé au premier rang, mort qui avait provoqué dans la colonne un mouvement d'hésitation, s'est porté en tête ; au milieu d'une grêle de balles s'est élancé seul vers le fortin et est monté debout sur le parapet en criant : « En avant ! » A ainsi avec l'aide de plusieurs soldats qui l'ont aussitôt suivi remis en mouvement la colonne d'assaut qui a enlevé l'ouvrage à la baïonnette. »

M. le lieutenant VORMÈZE, du 10ᵉ de marine : « Est tombé glorieusement le 21 août 1895 tué à bout portant en tête de la colonne d'assaut qu'il commandait et au moment où il arrivait sur le parapet ennemi. »

SILVANI, caporal au 10ᵉ de marine : « A l'assaut du 21 août 1895 est arrivé un des premiers sur le fortin, a tué un pirate qui venait de tuer son lieutenant et quoique blessé à la cuisse a fait preuve du plus grand courage en poussant ses hommes à la poursuite de l'ennemi. »

Decombis, sergent au 10ᵉ de marine : « A l'attaque du 21 août 1895 a pris après la mort de son lieutenant le commandement du détachement et par son exemple a décidé dans un moment d'hésitation un nouvel élan en avant qui a amené la prise du fortin. »

M. le lieutenant-colonel Riou, du 2ᵉ tonkinois : « A conduit avec entente, calme et méthode les opérations de sa colonne contre les pirates du Pan-Aï. Le 26 juillet a pris pied et s'est maintenu à l'extrémité de la ligne de faîte sur une position difficile à aborder, élevée de 590 mètres et située à 300 mètres de l'ennemi, position que nous avait donnée un hardi coup de main sur laquelle une section d'artillerie a été hissée à grand'peine et qui a été le point de départ de l'attaque du 21 août. »

M. le capitaine Coiffé, officier d'ordonnance du général commandant en chef les troupes de l'Indo-Chine, détaché auprès du colonel commandant les colonnes (infanterie de marine, h. c.) : « A secondé avec intelligence et activité le colonel commandant les colonnes. Dans plusieurs circonstances particulièrement difficiles a toujours fait preuve de jugement, de sens militaire, de ténacité et d'entrain. »

Il adresse ses félicitations aux militaires dont les noms suivent qui lui ont été signalés pendant les opérations :

MM. le lieutenant Didio, de l'artillerie de marine; le lieutenant Ollivier-Henry, du 11ᵉ de marine; le lieutenant Vérel, du 1ᵉʳ tonkinois; le capitaine Geschwind, les sous-lieutenants Rivier et Delbosq, du 2ᵉ tonkinois;

Le caporal Serret, du 10ᵉ de marine et le sergent Dupetit, du 2ᵉ régiment de tirailleurs tonkinois.

Au quartier général,
Hanoï, le 16 septembre 1895.
*Le Général commandant en chef les troupes
de l'Indo-Chine,*
Signé : Général DUCHEMIN.

XV

DÉLIVRANCES DES LYAUDET

La prise du Pan-Aï, suivie du passage en Chine des bandes qui détenaient la famille Lyaudet, allait permettre au gouverneur général, de concert avec notre ministre à Pékin, d'agir sur le gouvernement chinois.

Les troupes de la colonne restèrent sur place pour surveiller étroitement la frontière et empêcher toute nouvelle infiltration des bandes. Un poste de 100 hommes fut installé au repaire même du Pan-Aï.

Après quelques atermoiements, et sur la menace que des représailles allaient être exercées sur ses nationaux au Tonkin, le gouvernement chinois s'émut. Il invita le vice-roi de Canton à appeler sur la frontière de Moncay le maréchal Sou, et à lui donner la mission de délivrer les Lyaudet, au besoin par la force. Le choix du maréchal Sou avait été suggéré par le général en chef. On avait à Hanoï une grande confiance dans les dispositions de ce haut mandarin à notre égard.

Sou vint à Moncay en grande pompe. Placé entre son désir de nous être utile et les intérêts en jeu de ses compatriotes, le maréchal était fort perplexe. Aussi, bien que de nombreuses conférences aient été tenues entre lui et le colonel Chaumont, aucune solution ne se dessinait.

Nos troupes continuaient à croiser sur la frontière, cependant que, de l'autre côté, défilaient processionnellement de longues théories de réguliers, bannières déployées.

En bon Chinois, Sou cherchait surtout à gagner du temps.

Le gouverneur général décida alors de détacher auprès du maréchal Sou deux officiers pour se rendre compte de la façon dont les Chinois s'acquittaient de leur prétendue lutte contre Lô-Man.

Le lieutenant Chasles, de l'état-major et le docteur Clavel furent chargés de cette mission. Leur présence ne changea rien à la situation. Sou différait toujours les opérations effectives. Tantôt il arguait de la crainte que les pirates, poussés à la dernière extrémité, ne missent à mort les Lyaudet; tantôt il prétextait de la fatigue et surtout des besoins de ses soldats, dont la solde était très irrégulièrement payée; finalement, il déclara que la solution la plus acceptable et la plus avantageuse était de verser une rançon !...

Cette dernière proposition suffoqua quelque peu le gouverneur général. Sou, toujours diplomate, déclara qu'il comprenait bien que le gouvernement français ne voulût plus entendre parler de rançon, ni traiter avec les pirates ; aussi proposait-il de négocier la délivrance en son nom personnel et à l'aide d'une certaine somme qui passerait comme gratification accordée à ses hommes.

Pour en finir, le gouverneur général s'adressa directement à Pékin. Que se passa-t-il entre notre ministre de France et le Tsong-li-Yamen ? Les négociations restèrent secrètes. Mais, le 8 octobre, la famille Lyaudet était remise à M. Bons d'Anty, notre consul à Long-Tchéou, et amenée peu après à Moncay.

La piraterie avait vécu dans le cercle de Moncay. Forts de la présence des Lyaudet sur le territoire chinois, nous imposâmes à la Chine un règlement de police frontière qui régit encore nos rapports avec les Chinois dans les territoires militaires.

Sou, mis en demeure de purger la frontière des malandrins chassés de chez nous, les enrôla dans ses réguliers, en donnant des grades aux chefs, et les emmena dans le Quang-Si.

En 1898, les journaux publièrent que M. Lyaudet obtenait de la Chine une indemnité pécuniaire de 100.000 francs.

Quant à ceux qui luttèrent par devoir, ils eurent l'honneur de voir le Pan-Aï porté par le général en chef au rang des plus beaux faits d'armes de la pacification du Tonkin : « Adieu à vous tous — dit le général Duchemin, en quittant l'année suivante, le commandement en chef des troupes de l'Indo-Chine — adieu aux glorieux morts dormant sur cette terre lointaine leur dernier sommeil, aux vivants qui restent pour continuer la tâche inachevée, et comme vous l'avez crié en chargeant à la baïonnette au Pan-Aï, à Khan-Coc : Vive la France ! »

TABLE DES MATIÈRES

	Pages.
Introduction	5
I. Etude descriptive de la région frontière	23
Province de Kouang-Tong	24
Cercle de Moncay	28
II. La piraterie chinoise dans le cercle de Moncay	31
III. L'année 1893	39
IV. Cession du territoire contesté de Hoan-Mo	48
V. Enlèvement de Mme Chaillet et de sa fille	60
VI. Reddition des prisonnières. — Colonne du Ma-Tao-San	67
VII. Enlèvement de la famille Lyaudet	70
VIII. Opérations préliminaires	82
IX. Reconnaissance du massif Pan-Aï	94
X. Rassemblement des troupes de renfort. — Formation des colonnes. — Départ de Moncay	107
XI. Journée du 26 juillet	114
XII. Journée du 30 juillet	123
XIII. Investissement du Pan-Aï. Journée du 21 août	133
XIV. Ordre général	145
XV. Délivrance de Lyaudet	150

GRAVURES

Tirailleur chinois		9
Panorama de Tong-Hin, vu de Moncay	40	41
Croquis du territoire contesté		49
Le territoire contesté près de Hoan-Mô		52
Colonne du Ma-Tao-San	72	73
Pan-Aï (versant sud-est) et Ma-Tao-San (versant sud)		80
Massif du Pan-Aï, levé à vue		102
Pan-Aï (versant nord-ouest), vue prise du poste de Po-Hen		117
Crête du Pan-Aï	120	121
Pan-Aï (versant nord-est)		127
Fortin de la cote 635		131
Intérieur du repaire et roche Casimir		136
Le fortin 635 après la canonnade de l'artillerie le 21 août (croquis de la couverture)		144

Paris et Limoges. — Imprimerie militaire Henri CHARLES-LAVAUZELLE.

www.ingramcontent.com/pod-product-compliance
Lightning Source LLC
Chambersburg PA
CBHW060527090426
42735CB00011B/2400